Comprehensive Community Initiatives
Community Approrch in United States of America in Present time

包括的コミュニティ開発
—— 現代アメリカにおけるコミュニティ・アプローチ

仁科 伸子
Nishina　Nobuko

御茶の水書房

謝　辞
Acknowledgment

　本稿作成にあたり、詳細なコメントと洞察に富む助言を与えていただいた法政大学現代福祉学部宮城孝教授、並びに、この研究のきっかけを与えてくださった同大学保井美樹准教授に心から感謝の意を表したい。同大学山岡義典名誉教授は、これまでのアメリカの非営利組織に関する研究について様々な示唆に富むご指摘をいただき深く感謝している。関西学院大学牧里毎治教授には、最終のまとめにあたって重要なご指摘を頂戴し、これによってより内容を深めることができた。そして、2006 年に法政大学大学院修士課程に入学し今日に至るまで、多くの先生方の薫陶を受けることができたからこそ、本稿を仕上げることができたと信じている。ここでお世話になったすべての先生方に感謝の意を伝えたい。

　2010 年 8 月から 1 年間、Chicago 大学に留学しフィールド調査及び文献調査を行った際、受け入れてくれた Professor R.Chaskin 並びに、米国での調査において多くの助言と情報を与えてくださった Wayne State 大学の Professor A.Vidal に心から感謝の意を表したい。

　シカゴにおける調査では、Greater Auburn-Gresham Development Corp. の Carlos Nelson 氏、Ernest Sanders 氏、Tenisia Jones 氏 Quad Communities Development Corporation の Bernita Johnson-Gabriel 氏、Teamwork Englewood の Doris Jones 氏、Bickerdike Redevelopment Corporation の Michael Burton 氏、Enlace Chicago の Jaime de Leon 氏、Logan Square Neighborhood Association の Susan Yanun 氏、Washington Park Consortium の Brandon F. Johnson 氏、Near West Side Community Development Corp. の Paulette Boyd 氏、LISC のディレクターである Susana Vasquez 氏と Chris Brown 氏をはじめとして、各地域で活動する非営利組織やインターミディアリーの方々にご協力をいただき言葉では言い尽くせないほど感謝している。これらの方々のご協力なくしては、本稿を書き上げることはできなかった。心から御礼を申し上げる。

長期にわたって博士論文に取り組む中、英語のプルーフリーディングをしてくれた友人 Eric Johnson 氏、正月を返上して校正を手伝ってくれた野嶋理恵氏をはじめ学内外の多くの友人たちが公私にわたって支えてくれた。ここに感謝の気持ちを伝えたい。

そして、いつも暖かく見守っていてくれた家族に心から感謝する。特に住み慣れた東京を離れシカゴに一緒にきてくれた二人の息子は、英語も話せないのに逞しく現地校に通い、夏休みには1か月以上も毎日大学の図書館の外で暗くなるまで遊んで母の調べものが終わるのを待っていてくれた。君たちの協力にとても感謝している。

最後に、本研究の初年度の調査は文部科学省科学研究費補助金海外研究基盤B、研究代表者吉川富夫教授「ガバナンスの視点から見た米国広域計画に関する研究」（研究課題番号 20404018,）、シカゴ大学への1年間の研究留学については、日米教育委員会によるフルブライト・スカラーシップを受けている。フルブライトの精神を受け継ぎ、この研究が日米の草の根の活動をする人々の友情の懸け橋となり、両国のコミュニティを基盤とした地域の改善のために役立つことをここに祈念する。

2012年9月30日

仁科 伸子
Nobuko Nishina

包括的コミュニティ開発
現代アメリカにおけるコミュニティ・アプローチ

目　次

目　次

序章 …………………………………………………………………………… 3

第1部　アメリカ大都市における
　　　　コミュニティ・アプローチの形成

1章　コミュニティ・アプローチの起源と展開 …………………15

　1.1　都市の拡大とコミュニティ・アプローチの起源　15
　1.2　住宅法制の整備とコミュニティ開発　35

2章　地域間格差の広がりとコミュニティ・アプローチ ………59

　2.1　貧困とコミュニティ間格差の広がり　59
　2.2　1970年代における地域間格差の構造―ウィルソンの研究―　61
　2.3　1980年代における貧困と格差　65
　2.4　近隣地域間格差とコミュニティ・アプローチ　68

3章　社会福祉改革とコミュニティ・アプローチの理念 ……71

　3.1　社会福祉改革をめぐる背景と理念　71
　3.2　新しいコミュニティ・アプローチの理念形成　76

第2部　包括的コミュニティ開発（Comprehensive
　　　　Community Initiatives, CCIs）とは何か

4章　包括的コミュニティ開発の始まり ……………………………83

　4.1　包括的コミュニティ開発とは何か　83
　4.2　初期の包括的コミュニティ開発　87
　4.3　コミュニティ・アプローチとしての包括的コミュニティ開発　90

5章　シカゴの事例からみた
　　　包括的コミュニティ開発の特性 ………………………… 95

5.1　NCP の計画立案とプログラムの推進　97
5.2　包括的コミュニティ開発の特性　104
5.3　計画の実施状況――アーバン・グレシャムを例に――　111
5.4　包括的コミュニティ開発の課題　115

6章　学校と近隣地域再生 ………………………………………… 117

6.1　学校と地域再生を研究する意義　117
6.2　先行研究　119
6.3　研究対象と方法　121
6.4　シカゴ市におけるエレベイト事業の取り組み　124

7章　キャパシティ・ビルディングにおける
　　　コミュニティ・オーガナイザーの役割 ……………… 139

7.1　コミュニティ・オーガナイザーの役割　140
7.2　ペアレント・メンター事業のプロセスと
　　　コミュニティ・オーガナイザー　150
7.3　考察と今後の課題　153

8章　包括的コミュニティ開発における意思決定 ………… 155

8.1　参加と意思決定に関する研究の背景　155
8.2　研究の目的と意義　156
8.3　先行研究　157
8.4　研究対象　158
8.5　コミュニティ・レベルでの住民参加と意思決定　158
8.6　考察と今後の課題　167

終章　アメリカ大都市におけるコミュニティを基盤とした
　　　アプローチの形成と課題 …………………………………… 175

引用・参考文献 ……………………………………………………… 185
索引（人名・事項・図表・写真）………………………………… 193
Abstract ……………………………………………………………… 201

包括的コミュニティ開発
現代アメリカにおけるコミュニティ・アプローチ

序　章

（1）研究の意義と目的

①包括的コミュニティ開発とは

　包括的コミュニティ開発[1]（Comprehensive Community Initiatives=CCIs）は、現代アメリカにおけるコミュニティ・アプローチの中で最も斬新な試みである。対象地域の中に非営利組織が事業拠点を構え、ソーシャル・サービス、医療、保健、教育、住宅、基盤整備、経済開発、産業誘致といった地域再生のための多様な取り組みを、包括的、戦略的かつ計画的に展開している。地域の住民や地域で活動する非営利組織、教会、学校関係者、民間企業など地域に関係する多数の人々が計画に参加し、実行にかかわる。これによって、地域住民は事業に参加し、参加することで成長し、自らのリーダーシップを見出していく。

　CCIs では、民間の助成財団や、時には中央政府や地方政府が事業資金を提供する。CCIs は、地域の人々の自立や継続的な地域の発展を目指して展開されており、従来のソーシャルワークによる解決策として個別に経済的な援助やサービスを提供するものとは理念、内容、方法を異にしている。同時に、従来の商業施設誘致、住宅供給を中心とした都市開発型の地域再生では取り入れられてこなかった地域サービスをはじめとする多様な事業計画の融

---

1) CCIs は、一般名詞であり、ここでは、翻訳して「包括的コミュニティ開発」と呼ぶことにした。Comprehensive は、カテゴライズされていない、社会的、経済的、物的なプロジェクトを包括的に実施していくという意味であり、Community は、コミュニティを対象とし、コミュニティ・レベルでの事業を実施していくことを指している。Initiatives は、通常、戦略、新規構想などの意味があたると思われるが、これらを充てると、事業という意味が薄れて、「計画」といった意味が強まるため、ここでは、わかりやすく「開発」とした。論文中では、「包括的コミュニティ開発」と、その省略形である CCI 及び CCIs を併用していく。

合と包括的な展開が特徴である。CCIs が対象としているのは、貧困な世帯や労働者世帯が多く暮らす近隣地域であり、最終的に個別のサービスに結び付くことはあっても、基本的なターゲットはコミュニティである。個人を対象としたソーシャル・サービスは、CCIs においては1つのメニューに過ぎない。

　CCIs は、短期的には地域の持つ様々な課題の改善、長期的には人々の自立と地域の持続的な発展を目指している。このため、教育や就業支援は、事業プログラムの中で主要な位置づけにある。CCIs では包括的に事業を展開していくことによって、地域を刺激し、リバレッジといわれるさらなる投資を誘発する効果も期待されている。

　アメリカにおいて、CCIs は1980年代後半から導入され、荒廃した地域を再生するための1つの手段としてモデル的に展開されている。ピトコフ（Winton Pitcoff）は、CCIs について、社会福祉サービス改革とコミュニティ・ディベロップメントの2つの流れを汲むものであると解釈している（Pitcoff, 1997）。また、アスペン・インスティチュートが主催している包括的コミュニティ開発円卓会議（Aspen Comprehensive Community Initiatives Roundtable Project）のディレクターを務めるアン・クビッチ（Ann Kubisch）は、CCIs について、これまでの経済開発とも社会福祉とも異なるアプローチであり、1）人材育成、2）近隣地域の社会資本形成、3）ソーシャル・キャピタルの形成をするものであると表現している（Kubisch, 1996）。

　CCIs では、住宅供給や地域の資産としての建物の再利用などのハードな事業と、ソーシャル・サービス、教育、地域経済の活性化というような事業が一体となって計画され、かつ、実施されているという点が非常にユニークであり、人口減少高齢社会におけるコミュニティのあり方に対して示唆されるものがある。

②用語の定義

　本研究において、いくつかのキー概念となる用語について概念整理を行う。
　イギリスの社会学者マッキーバは、「コミュニティは基礎的な共同生活の条件をともにする、ある独自な成果をもった共同生活の範囲であり、ある人

が包括的に生活できるような、そして、社会生活の全体が見い出されるような集団であって、その基礎標識は地域性と共同意識である」（MacIver M. R, 1970）としている。本論では、コミュニティの定義は、マッキーバによるものとほぼ同義であるとし、その中には、地域性、共同性、連帯感が含まれているものと考える。一方、近隣地域（Neighborhood）は、地理的に一体となった地域であり、必ずしも共同性、連帯感が伴うとは限らない。コミュニティの崩壊とは、1つの地域の中に暮らす人々が、共同性や連帯感を失った状態であり、隣で何が起こっているか、隣にどんな人が住んでいるのかもわからない、ましてや、地域をよくするために共同して何かをするといったことが行われる状況ではない。

　CCIs（Comprehensive Community Initiatives＝CCIs）は、一般名詞であり、ここでは、翻訳して「包括的コミュニティ開発」と呼ぶことにした。Comprehensive は、カテゴライズされていない、社会的、経済的、物的なプロジェクトを包括的に実施していくという意味であり、Community は、コミュニティを対象とし、コミュニティ・レベルでの事業を実施していくことを指している。Initiatives は、通常、戦略、新規構想などの意味があたると思われるが、これらを充てると、事業という意味が薄れて、「計画」といった意味が強まるため、ここでは、わかりやすく「開発」とした。論文中では、「包括的コミュニティ開発」と、その省略形である CCI 及び CCIs（複数形）を併用していく。アメリカでは、一般的に CCIs が使用されている。

　リード・エージェンシー（Lead Agency）は、CCIs において各コミュニティの中心となって事業を推進していく組織である。通常、地域においてすでに活動を行っている組織にその役割を委任するが、プロジェクトによっては新たな組織を形成する場合もある。地域の事業計画、事業推進、住民参加、資金の獲得などを一手に行う非営利のまちづくり推進組織である。

　キャパシティ・ビルディング（Capacity Building）は、CCIs における重要なキー概念のひとつである。近隣地域において就業の場を増やす、問題解決能力を高める、といった地域力を向上するという意味を持ち、この場合、コミュニティ・キャパシティ・ビルディングと呼ぶ。また、十分に教育を受け働く能力を身につける、生活能力や問題解決能力を高める、人生の可能性を

広げる、選択肢を豊かにするといった個人の能力向上をも含めた幅広い意味を持つ。エンパワメントの概念と類似するが、エンパワメントが外から力を与えるという意味を含んでいるのに対して、キャパシティ・ビルディングは内側からの力の創造と自律を重視している。また、エンパワメントは、力を剥奪された状態から、支援者が、人々に力を与えるという少々押しつけがましい意味を持っているという考え方があり、キャパシティ・ビルディングが持つ自律や力を構築するとう意味合いのほうが、CCIsによりふさわしいと考えられている。

コミュニティ再生（Community Building）とは、コミュニティの崩壊が起こった状態に対して、地域の活性化や、ウェルビーイングのために、人々が共同性や連帯感を取り戻すことを目的とした取り組みである。コミュニティ・アプローチとは、コミュニティ再生や地域の再生のために、近隣地域におけるコミュニティを1つの単位として、地域の外部から様々な介入を行う取り組みをさす。

③研究の目的と意義

本研究の目的は、まず、CCIsとは何かを明らかにすることであり、次にその手法を学ぶことである。

近年、日本の近隣地域の状況をみると、高齢化の進展、人口の減少、地域コミュニティの崩壊、産業の衰退などが生じ、さらには近隣地域間の格差が拡大し地域固有の問題が生じている。このようなケースでは、包括的なコミュニティ・アプローチが有効であると考えられる場合があるが、事業予算、地域ガバナンス、方法論、リーダーシップなど様々な困難があり包括的に展開することが難しい。このため、アメリカにおける取り組みについて、歴史、システム、事例に関して、成功や失敗を含めて学び、コミュニティ・アプローチの本質的な特徴や有効性について明らかにすることを目的とする。

このような海外研究において、ベースとなっている制度や社会資源レベルなど基礎的条件の違いを踏まえたうえで、分析を進める必要があるということに留意する必要がある。

2つの国において大きく異なるのは、福祉国家としてのスタンス及び社会

福祉サービスを提供する立場である。アメリカは、最低限の国家介入を原則とする残余的モデルであり、日本は年金制度と租税制度の両者に立脚した普遍的、制度的再分配モデルである。普遍的なモデルであるほど、平等の原則は堅い。このことは、当然ソーシャル・サービスのあり方にも影響を与えており、日本では、公共が、特定の地域やコミュニティにおける特別な事業予算の執行や特別なサービスを提供することには違和感がある。

海外研究の結果の活用においては、制度や基盤の違いから、ただの事例紹介に終わるか、わが国では導入されても成功に導くことが難しいという問題が常にあげられる。この１つの要因は、成功事例が煌びやかな成功の部分だけ取り上げられて、その歴史、背景、理念、政策などその国独自の条件を顧みずに模倣されるためか、あるいは、類似の事業を立ち上げるものの重要な何かが変化しているために効果が得られないといったことが生じるためである。

この研究に関連して、アメリカと日本で普遍的に捉えることができるのは、コミュニティを対象とした事業の必要性が共通して認識されている点である。近代国家において、国や地方政府が、社会の安全や安心を保つための大きな枠組みを構築してきたことは両国に共通しており、要因は異なるがどちらの国もそのシステムの転換を余儀なくされている。

アメリカにおいて、コミュニティ・アプローチがどのように形成され、どのような意味を持つかを明らかにすることは、今後の日本社会における政策の課題に対して、一定の示唆を与える材料になると考えられる。

本研究では、CCIs がいかなるものかを研究することを通して、明らかになる事実が、アメリカの独自性に基づくものか、あるいは、普遍的な価値を持っていることなのか、方法論として導入が可能なのかを検証しつつ研究を進めることを念頭に置いたつもりである。それゆえに、現在の CCIs の活動に関して分析を進めるだけでなく、歴史的な発展の経緯、社会政策、政策理念との関係性、方法論、事業システムについて総合的に研究を進め、コミュニティが政策の単位として着目されてきている真の理由を追究することが重要であった。

第１部では、歴史的な背景の中で、アメリカの大都市においていかにコ

ミュニティ・アプローチが形成されてきたかを論じた。ここでは、最終的なまとめとして、コミュニティ・アプローチの形成過程と社会政策及び政策理念との関係性について論じる。

　第2部では、包括的コミュニティ開発（CCIs）についての全体像と個別のケーススタディを行って、その仕組みの細部であるコミュニティ・オーガナイザーの役割及び、住民参加と意思決定の仕組みを通して得た知見について論じる。

　これまでに、CCIsについては、フォード財団などをはじめとする助成財団や実践家、あるいは、インターミディアリーがまとめた実践報告書及び、その第三者評価報告書が多くみられる。先行研究としては、ロバート・チャスキン（Robert Chaskin）が、社会学の立場から、CCIsにおけるガバナンスの仕組みにおける地方公共団体との関係性について研究している。スタンガーら（Matthew W. Stanger & M. Angela Durason）は、過去の事例分析を行って、CCIsの特徴と成功と不成功に関する要素について分析を試みている。

　本研究においては、これらの先行研究を踏まえて、さらに、シカゴにおける16の近隣地域の取り組みについて分析し、コミュニティ・アプローチのあり方に関して研究を進めるものとする。

（2）研究の方法

　研究は二部構成とし、第1部においては、アメリカにおけるコミュニティ・アプローチの発展については、主に文献研究に基づき、歴史的、政策的な観点において論じた。続く第2部では、CCIsについて、シカゴ市内においてCCIsが実践されている16のコミュニティについて実証的研究を行い、その仕組み、住民参加、意思決定などの観点からCCIsの特性を論じた。

　まず、第1章においては、歴史的な観点から、アメリカにおいて、コミュニティを基盤とした取り組みが、どのように始まり、実施され、現在にいかに継承されてきているかを論じる。これによってCCIsの取り組みが、単なる方法論の1つとして急に始まったものではなく、アメリカの歴史の中で培われてきたものであることを検証する。本章は、歴史的な研究書、論文の中から、コミュニティ・アプローチについての記述を集めてこれを本書の視点

から分析することによって構成している。

　第2章においては、1960年代以降、人種、経済、教育の機会や子どもの成長、環境といった面で、近隣地域間に大きな格差が生じたことを既存の研究によって明らかにする。そして、この格差はもはや通常の代表民主主義的な手続きによって展開される一般的な施策によっては、解決することが難しい域に達しており、それゆえにコミュニティ・アプローチ及び、地域の意思決定が重要な手法となっていることを述べる。

　本章において中心となっているのは、ウィルソン（Wilson）による1960～70年代におけるシカゴ市のコミュニティ研究と、ジェンクス（Jencks）らによる貧しい近隣地域が子どもに与える影響などを使って、地域間の格差とコミュニティ・アプローチの関係について論じる。

　第3章では、マクロな視点からコミュニティ・アプローチを論じる。戦争や恐慌によって大量の失業者が発生し、中央集権化によって公共による取り組みが強化される場合においては、コミュニティ・アプローチは時として縮小し、小さな政府主義を背景として、住民の自律や共同、家族の価値が強調される保守化の傾向の中ではコミュニティの責任や自律が強調されるというベクトルがみられる。これと同時に、アメリカ的民主主義理念のもとで、住民が自ら意思決定を行い、社会サービスを作り出すという自律の精神に基づいた取り組みも生まれてきた。政策及びその根底に流れる政治思想の変化とコミュニティの関係について、中央集権化とコミュニティ、保守化とコミュニティ、小さな政府主義とコミュニティといった観点から政策におけるコミュニティの位置づけを明らかにしていく。そして、1980年代後半の社会福祉改革とその根底にあるアメリカ的なコミュニティ理念によってコミュニティ・アプローチがどのように変化してきたかをコミュニティ・ディベロップメントとCCIsという2つのコミュニティ・アプローチを比較することによって論じる。結果として、一般的な社会政策では解決できない問題をコミュニティ・レベルにおいて解決するという手法は、住民の自立や参加なくしては成立しない。ゆえに、住民の参加による意思決定とこれを可能にするコミュニティ・オーガナイザーの役割がコミュニティ・アプローチの重要なファクターとなったのである。

第4～8章は、CCIsの実践の全体像を繙き、住民参加とコミュニティ・オーガナイザーの役割に視点を置きつつ、包括的コミュニティ開発とは何かを論じる。ミクロの視点から近隣地域へのアプローチについて考察するために、シカゴ市内において実施されている16の近隣地域の取り組みについて、参与観察とインタビュー、さらに、プロジェクトに関して記述された文書などを用いて分析を行った結果を取りまとめた。

　ここでは、まずCCIsの実際の活動と支援システムなどの全体像についてシカゴで実施されているニュー・コミュニティ・プロジェクト（New Community Project；NCP）を対象として調査を実施した。助成財団、インターミディアリー、及び地域密着型の活動を実施している非営利組織の関係性に着目して、その事業の仕組みを明らかにした。

　CCIsの全体像を概観すると、2つの重要な課題が浮かび上がってくる。ひとつは、この事業において、中心的な存在となって事業を推進している、コミュニティ・オーガナイザーの役割である。コミュニティ・オーガナイザーは特別な資格や専門性を持っているわけではないが、高いコミュニケーション能力と推進力によって大きな事業を推進している。そして、その重要な役割の1つは、いかに事業に住民を結び付け意思決定を引き出していくかということである。CCIsは、外部からのアプローチであり、いわゆる内発的な力によって自らコミュニティを運営していくタイプのアプローチではない。それゆえに住民参加を得ることは、地域における民主的な事業推進やアカウンタビリティの観点から重要な意味がある。

　こうしてCCIsをリードしている非営利組織は、臨機応変に小回りが利く、しかも実行力と機動性の高い組織としてまるで小さな政府のように近隣地域で活躍する。これを新たな公共として捉えることもできると考える。しかし、この新たな公共は決して、既存の国家政策や地方政府の政策の範囲にとどまらない実に細かなニーズや地域の要求を事業化して解決していっている。

　インタビュー調査及び実態調査は、以下の通り実施した。
　2009年3月　　各コミュニティにおいて、事業を実施しているエージェンシーに対して事業計画、内容、事業方式などについて調査を実施

	した。
2009年12月	学校を中心とした社会開発に関するインタビューを実施した（1校）。各オーガナイザー、中間支援組織へのインタビュー及び学校においてコミュニティ・オーガナイザーの参与観察を実施した。事業推進状況に関する参与観察、及びインタビュー調査を実施（イングルウッド地区）。
2010年 3月	学校を中心とした社会開発に関する参与観察及びインタビューを実施した。（シカゴ市内6校）会議への参加。
2010年 9月	事業推進状況に関するインタビューを実施した（アーバン・グレシャム）。
2010年12月	事業推進状況に関するインタビューを実施した（ローガン・スクエア）。
2011年 2月	意思決定システムに関して、会議などへの参加を通してする参与観察を行った（アーバン・グレシャム）。
2011年 3月	意思決定システムに関するインタビュー調査、及び記述式調査を行った（8組織の回答と協力を得た）。
2011年 4月	コミュニティ・オーガナイザーの役割に関するインタビュー、及び調査を実施した（ローガン・スクエア、アーバン・グレシャム）。
2011年 5月	コミュニティ・オーガナイザーの役割に関するインタビュー、及び調査を実施した（アンケートに回答した8組織）。
2011年 7月	コミュニティ・ディベロップメント及び組織の歴史に関するインタビュー、及び調査した（ローガン・スクエア、シカゴ・ローン、バイカーダイク）。

インタビューで得た結果については、録音し、これを書き起こして文書化したうえで、コード化し、それぞれのインタビューで得た結果について帰納法によって取りまとめた。コード化の手法は、佐藤による質的データ分析法に則り（佐藤2008）、インタビュー結果を書き起こしたものと入手した資料を用いて、情報をコード化して整理し、事例を縦軸、分析項目を横軸とする

コード・マトリックス化して分析し、個々の事例における特性を抽出し、分析項目の中身や関連性について検討するという方法を多く取り入れた。佐藤は、帰納法的な方法であっても、コーディングによってマトリックスに分析を行うことによって、科学的、論理的な分析に到達することが可能であるといっている（佐藤2008）。

　第2部を完成させるためには、2010年8月から2011年8月の一年間シカゴに滞在し、ほとんどの時間を現地のコミュニティ・オーガニゼーションのオフィスや、住民説明の現場、イベント、事業の現場や会議といったところに入り込んで観察を行った。この結果は、日記として記録し、本書をまとめるにあたってその記録を活用している。

　終章は、全体の取りまとめとして、歴史、政策的な観点からアメリカにおけるコミュニティ・アプローチ及びCCIsの特性について述べる。そのうえで、日本の現状と照らし合わせながら、コミュニティ・アプローチの限界についても言及する。

第 1 部

アメリカ大都市における コミュニティ・アプローチの形成

1章
コミュニティ・アプローチの起源と展開

1.1 都市の拡大とコミュニティ・アプローチの起源

　アメリカ社会福祉の歴史の中で、CCIs のように近隣地域を中心として外部から専門家やコミュニティ・オーガナイザーが介入しコミュニティをターゲットとして支援を行うアプローチは、19世紀の半ば頃イギリスから導入されたセツルメント運動が発端であったといわれている（Rohe, 1985）。初期のコミュニティ・アプローチは、19世紀後半から始まった。工業化と移民の急増からくる都市人口の急増から生じた都市の荒廃とコミュニティの崩壊への対応策として、まだ国家による社会福祉サービスや社会保障制度が存在しない中でスタートした。都市の崩壊（disorganization）からオーガニゼーションへ、アメリカの文化に適応していない移民への民間サービスや教育を担うものとして、セツルメント運動がスタートした。当時の貧しい移民地域は、同一出身地の住民が集まって助け合って暮らすことによって膨張していき、セツルメントの活動は、地理的にある地域を対象とするアプローチとなった。

　本章では、19世紀後半から20世紀にかけてのコミュニティ・アプローチの歴史的発展の中で、今日の CCIs の起源となるような取り組みが、どのように始まり、現在のコミュニティ・アプローチにつながる理念や考え方及び方法論がいかに培われていったかについて明らかにする。

(1) 大都市の荒廃とソーシャル・セツルメント

　19世紀末、近代工業都市の発展と移民の流入により、アメリカの都市は肥大化した。1860年には、アメリカ人口の 1/6 が都市に集中していた。1880年頃から 1900年頃にかけて、都市の内部ではテネメントと呼ばれる設備共

用の低位所得者用賃貸住宅が供給され、貧しい移民たちはここに暮らしていた。これと同時に、産業構造の転換によりサービス業が現れ、これらに従事する新興の中産階級が増加した。新興中産階級は豊かな暮らしを求めて郊外に一戸建て住宅を購入して移動するか、アップタウンの豪華なアパートに暮らしていた。

　トレットナー（Walter I. Trattner）によれば、大都市の拡大は次のように記述されている。

　　1900 年になると都市居住者の割合は 1/3 になり、1920 年にはアメリカの人口の 1/2 となった。このころアメリカの都市の中でも、最も人口が急増したのはシカゴ、ミルウォーキー、セント・ルイス、デトロイトといった中西部の工業都市だった。シカゴの人口は 1860 年には 109,260 人であったが、1910 年には合衆国第 2 の都市となって、2,185,283 人にまで拡大した。この頃の都市の住民の 1/3 は外国生まれの移民で残りの 1/3 は移民の第二世代だった。（Trattner, 1974）

　この頃、工業化と大都市化が進み、地方政府の役割が拡大すると同時に、権力と富の集中がみられるようになった。そして、大都市では同国出身の移民が集まって居住し、権力を持ったボスが悪の政治を行うボス政治が横行するようになった（渡辺 1977）。大都市の移民は様々な助けを必要としたが、公的なシステムは機能しておらず、地域の政治家やその傘下の者たちがブローカーとなって緊急のサービスや食料などを調達した。このようなインフォーマルなサービスがボス政治のもとで行われた（Hallman, 1970）。よって人々は同じ文化や出身地のグループで地理的にまとまって暮らすようになったのである。近隣地域の住民のニーズの多くは共通し、地域で活動していたブローカーが必要なものやサービスを手に入れるための仲介をしていた。そして、人々は困った時にはブローカーの助けを借りた（Hallman, 1970）。このようなブローカーは、ボス政治の末端として機能しており、中産階級による政治改革運動とともに、彼らも消えていった（Hallman, 1970）。運動によって政治が清浄化されると同時に、スラムの住民が助けを失ったことは皮肉であった。

大都市においては、文化や言語の共通性、貧しくとも暮らせる住宅のある地域が限られていたこと、便宜性と助け合いなどの理由から、貧しい移民が多く暮らすスラムやゲットーが形成されていった。そしてこれらの地域では家賃を目当てに建てられたテネメントと呼ばれる設備共用の賃貸住宅が増加した。テネメントとは、一層に3世帯以上が暮らし、各所で調理をしている、あるいは一層に2世帯以上が暮らし、共同で調理場などを使っている住宅と定義されていた（Riis, 1890）。居室の半分以上は日も差さず風通しもないおおよそ人間の健康な生活の維持には程遠い、投機性を重視した環境が形成されていた。風呂はない場合もあり、便所は共同で建物の外に一か所しかないため、便所を使わずに窓から用を足すものが後を絶たず、テネメント地域は不潔で、人口密度が高く、常に犯罪や伝染病、火災の危険にさらされていた（Riis, 1890）。

当時のニューヨークのローアーイーストサイドにおけるテネメントの様子を伝えるものとして、新聞社のローアーイーストサイドの警察担当だったリース（Jacob A. Riis）が写真付きで出版した書籍「残りの半分はどう暮らしているか」（How the Other Half Lives）がある。当時、明かりの少ないテネメント住居の内部においても撮影が可能な技術が開発されたことで、人々に写真付きでテネメント地域の生活状況を伝えることになった。この書籍が出版された1890年当時、ニューヨークの約81,000戸の住宅のうち約35,000戸がテネメントであるといわれていた（Hallman, 1970）。1890年頃のニューヨークの人口は、約1,500,000人で、マンハッタン島だけの人口は、1,400,000人、そして、当時のテネメント人口は、約1,000,000人に達した。1890年ニューヨーク市の1ヘクタール当たりの人口密度は、150.2人、マンハッタン島では、232人、第10区は、1,305人、第11区は、965人、第13区は、1,070人となっていた。2007年の東京都で人口密度の最も高い3区は、豊島区、中野区、荒川区であるが、いずれも1ヘクタール当たり約200人程度である。したがって、いかに当時のテネメント地区の人口密度が高い状態であったかがわかる。

このように人口密度の高いテネメント地域では、上下水道などもよく整備されておらず、コレラなど伝染病の流行が繰り返された。

最も状況が良くないとされていた第4区のテネメントで、リースが何人ぐらいの人が住んでいるかを尋ねたところ、管理人は140世帯がそこに暮らしていると答えた。その内訳は、100世帯のアイルランド人、38世帯のイタリア人家族、2世帯はドイツ語を話す家族だった（Riis, 1890）。当時、ニューヨークには、アイルランド本土よりもっと多くのアイルランド人が暮らしているといわれていたが、移民は、世界のあらゆる地域からきていたのだ（Riis, 1890）。

子どもの虐待は、日常的に行われていた。リースの書籍の中には、髪が古い血で汚れて固まった状態で亡くなった女の子の事件が記述されている。当時、5歳未満の子どもの死亡率は、IMR[2] 140（生きて生まれた1,000人の子どものうち、140人が5歳未満で死亡する）という状況だった。これは、2008年のユニセフの統計による乳幼児死亡率でいうと世界第20位程度の死亡率であり、同年のソマリアと同程度である（Unicef, 2008）。

このような貧しく危険な地域の状況は、都市に居住する中産階級に危機感を与えた。そのため彼らは、これらを改善しようとする活動を始めた。その1つの活動がイギリスから取り入れられたセツルメント運動であった。

初めてのセツルメントは、1886年にニューヨークに登場し、1903年には103か所になった（Hallman, 1973）。篤志家が資金を提供し、中産階級によって、恵まれない移民地域にセツルメントが設置され、ここを拠点にサービスが提供され始めた。そして、子どもたちの教育、ネグレクトされた子どものケアなどが始められ、地域のワーキングクラスの人々の地域資源となった。

セツルメント運動による地域のサポートは、多くの移民やその子どもたちにとって有効なものであったが、この運動の基本的な考え方は、貧しさやそれによって生じる様々な問題はアメリカ的な生活様式を知らないためであり、無知な移民を教育しアメリカ的な考え方や生活を身につけさせようとするものであった（渡辺 1977、Rohe, 1985）。

セツルメントは、上流階級が下層階級に対してスポンサーとなるパトロン的な関係によって成立していた。具体的には、フィランソロピストが資金を

---

[2] Infant Mortality Rate

提供し、大学生やボランティアがマンパワーを提供していた。セツルメントは、フィランソロピーだけでなく、地域の人々自身からも彼らが提供できる金額の資金を集めようとした。それにもかかわらず、セツルメントは、1つの社会階級の価値観を他に押し付けるような一面を持っていた（Rohe, 1985）。セツルメント運動には住民の自助という考え方はあったが、地域の改善に関する方針や取り組みへの住民参加や住民の意思決定という思想はなかった。

ローへによると、この頃のセツルメントの活動区域は、地理的に明確には区切られていなかった（Rohe, 1985）。そして、そのサービスの範囲は、概ねその拠点から数ブロックの範囲にとどまっていたが、直近の近隣地域を含む外周域にもかかわりを持ち、地域の労働者階級の生活困難、衛生問題、ネグレクトされた子どもの世話、レクリエーションなどを提供していた（1973, Hallman, Dillick, 1953）。あくまで、外部からのアプローチであり、住民参加の必要性の認識や概念が確立していない状態で事業展開され、教育や人的サービスを中心としたセツルメント運動においては、活動の地理的範囲は特に問題にならなかったのかもしれない。地理的に区切られたサービス域が確立するのはもう少し後になる。当時のセツルメントが私的な資金のみで運営されていたことを考えると、資金的、マンパワー、交通手段の制約から活動地域が狭い範囲にとどまったとも考えられる。このように当時のコミュニティ・アプローチは資金的な制約によっても制約を受けたが、これが外部からのコミュニティ・アプローチの始まりとなった。当時のセツルメントのリーダーたちは、対象地域における問題及び、文化的共通性、エスニシティを共有する集団に対するアプローチであることは意識していたとしても、地理的な意味を含むコミュニティに対するサービスを行うということを意識していなかったと考えられる。それよりも、教育によって、個々人に民主主義、個人主義、自助努力といったアメリカ的な考え方や、生活様式を教え込むことによって改善されるであろうと期待していた。

(2) コミュニティ・センター運動

19世紀の末になると、住民自身の責任ということにもっと目が向けられ始めた（Gibson, 1986）。コミュニティ・センター運動は、地域の学校を拠点

として、地域の住民に様々なサービスを提供すると同時に、地域のコミュニティ形成や住民自身が地域のニーズを見出すことを重視した。そして、近隣地域において顔がみえる単位の関係を築くことができるよう運動を推進していった。この運動は、コミュニティの中で人々が同じようなことに興味を持ち、それをきっかけに地域のニーズを発見し、共通した要求を持って地域を改善していくことが期待された（Gibson, 1986）。

エドワード・ウォード（Edward J. Ward）は、セツルメント運動に大きく影響され、1907年、ニューヨーク州のロチェスターにソーシャル・センター・スクールを設立した。その後ウォードはウィスコンシン大学に着任し、1911年秋に初めてのコミュニティ・センターに関する全国大会を開催した。この大会には、その後この運動の中心となる多くのリーダーが参加したが、ウォードの講演を聞いた人々は、強く心を動かされ、まるで、重要なミッションを課せられたかのようにコミュニティ・センター運動の理論を広めていくことに対して使命感を覚えたという。この人々の中には、後に近隣住区論を打ち立てるクラランス・A・ペリー（Clarence A. Perry）も含まれていた。1911年には、全米で300を超える活動が展開されるようになった（Gibson, 1986）。

コミュニティ・センター運動は、郊外住宅地だけではなく、大都市内部に立地するハルハウス、ヘンリーストリート、サウスエンドハウスといった名だたるセツルメントでも学校を中心とした事業の方法論を取り入れていった（Gibson, 1986）。ペリーは、この運動の中で主要なメンバーとして働いたが、ハルハウスで男性として初めてレジデントとなったエドワード・バーチャード（Edward Burchard）もまた、この運動の中で主要な地位を占めた（Gibson, 1986）。当時の運動家たちの人的な交流は、互いの運動理念やその方法論を広め、互いに関連しながらそれぞれの運動が重層的に発展した。幅広い人々の参加と賛同を得て、コミュニティ・センター運動の考えは全米に展開していった。1913年には、152都市において629の学校が拠点として活用され（Hallman, 1973）、コミュニティを基盤とした取り組みと公立学校や教育との関係が密接であることを浸透させた。この運動によって、市民は社会的連帯を強め、市民的教養を高め、健康、教育、労働などの環境が改善され、運動

に参加した人々による後の様々な取り組みにもつながっていった。

　この運動とセツルメント運動との違いは、セツルメント運動が外部からの資源の提供や介入であったのに対して、コミュニティ・センター運動は住民の主体性を重視していた点である。郊外住宅地は主に中産階級によって構成され、当時の新たに開発された住宅地ではサービスの欠如や必要な施設の未整備など様々な課題を抱えていたと考えられ、住民は自らを組織化することによってこれらの課題に対応する力を身につけていった。これと同時に、コミュニティ・センター運動では、利用者は概ねその小学校の校区内に住む人に限られたために、利用者域という意味での地理的なサービス区域が確立した。

　また、もう1つの相違点として、前者は貧しい移民を対象としていたのに対して、後者は主に中産階級の住民を対象としていた。

　コミュニティ・センター運動の考え方は、ペリーによって住宅地の物的なプランニングへと変換され主に郊外モデル住宅地[3]として実践されるようになった。ラドバーンなど一部の郊外住宅地は、ペリーのモデルによって開発された。特に郊外住宅地形成とともに発展したコミュニティ・センター運動は、利用区域というものを地理的に明確にした。その理由は、郊外開発では、フィジカルなプランニングによって、近隣住区の範囲が明確に区切られたためである。また、小学校が拠点とされたために、どこに暮らす誰が利用者ということが線引きされた。さらに、コミュニティ・センター運動は、住民の参加と主体性を基本としていたことから、誰がステイクホルダーなのかを明確化するために、コミュニティ・アプローチの範囲が地理的に明確化されたのである。郊外住宅地開発は、共用施設などの管理運営を通じて、住民のガバナンスが育ちやすい環境でもあった。なお、ペリーが考案した近隣住区論は、戦後日本の郊外住宅地開発に取り入れられたが、その背景にあったコミュニティ・センター運動や住民の主体性の創造といった運動理念は伴わず、歩車分離、住区に1つの小学校といった様式を中心に展開された。

　郊外で形成された家族構成、経済レベル、人種、社会的地位などが同質な

3）　これは近隣住区論と呼ばれる。

コミュニティは、学校を中心とした様々な活動を通じて組織化され、自らの生活問題への対応を行うようになったと同時に、都市計画的なテクニックを使って排他的なパワーを発揮するコミュニティとしても機能していった。そしてこれは、後にインナーシティをもっと荒廃させていく1つの要因ともなった。

1920年代頃になると、コミュニティ・センター運動の先駆者たちは高齢になり、次の世代には、コミュニティに対して別の考え方が芽生えた。さらに、郊外住宅地においてもコミュニティ・センターにおける活動以外に多くの楽しみが増え、交通手段の発達によって、住民の興味や活動の範囲は急速に拡大していった。このため、この頃にはコミュニティ・センター運動は衰退していった。しかし、そのアメリカの民主主義的な理念に裏付けされた住民参加や自己決定、自己責任という考え方を前提としたコミュニティのあり方は、郊外においてもインナーシティにおいても、地域において何らかのソーシャル・サービスやプロジェクトを展開しようとする動きの中で生き続けた。

(3) 住民参加の仕組みの確立──シンシナティ・ソーシャル・ユニット──

コミュニティ・センター運動が盛んであった時期と同じ頃、1914年には、W.C. フィリップス（W.C. Phillips）が、ニューヨークやミルウォーキーでの経験をもとに、ソーシャル・ユニットの考え方を構築し、これを広めようとしていた。フィリップスは、ソーシャル・ユニットは、国家を形成する最も基礎的な単位であると考えた。近隣地域に基礎を置き、ブロック委員会、市民委員会、職業委員会、一般委員会といった4つの委員会を組織し、民主主義的な運営と住民参加によって住民のニーズを捉え、医療や公衆衛生などの地域のニーズに対応したサービスを展開しようとするものであった。ソーシャル・ユニットは、オハイオ州のシンシナティにあるモホウク・ブライトン（Mohawk-Brighton）において実践されるところとなった。

まず、この計画の最大の特徴は、住民参加と民主主義であった。ブロック委員会とは、街区ごとに形成された住民の委員会であり、この代表が市民委員会を形成した。市民委員会では、ブロックからくみ上げられた様々な問題

が、近隣地域全体の問題として取り上げられていった。ブロックには、ブロックワーカーが配置され、住民の意見を取りまとめた。こうした住民参加を促す民主主義の基本的なシステムがプランの中には組み込まれていた。

これに加えて、医師、看護師といった専門家と住民が共同できるシステムが組み込まれていた。セツルメントにはなかった住民参加と民主主義がこのアイディアの中に盛り込まれていた。この住民参加と民主主義によって、住民の意思決定が地域のソーシャルワークの中に反映されていった。

シンシナティにおける取り組みは、人口約15,000人のエリアとなっていたが、この規模は、フィリップスの理論によるものではなくむしろ予算の制約によるところが大きかった（Melvin, 1981）。この予算規模によって、アプローチの範囲はある程度規定されたといってよい。そして、ブロック委員会を最小単位とする住民参加という手法は、アプローチの範囲を居住地という観点から明確に規定したのである。

シンシナティにおける取り組みは、地方自治体との共同によって、当時起こったインフルエンザのパンデミックスに対応するなど成功をおさめたが、長くは続かなかった。シンシナティ・ソーシャル・ユニットの成功は、地方政府にソーシャル・ユニットが彼らよりずっとうまくソーシャル・サービスを運営していけるのではないかという脅威を与えると同時に、このようなシステムがボルシェビキ的な考えを人々に広めるのではないかと恐れさせた。このために、市はその協力関係を打ち切り、資金難に陥ったシンシナティ・ソーシャル・ユニットは撤退を余儀なくされた。シンシナティでの経験は、近隣地域を基盤とした取り組みの礎を築いた。そして、ジョンソン大統領の時代の貧困との戦いにおけるコミュニティ・アクション・プログラムの中でも、住民参加のもとに地域改善を進めていくという方法論として継承されていった（Melvin, 1981）。

(4) シカゴ・エリア・プロジェクト

1930年代に後に始まる政府のコミュニティ・アプローチのモデルとなる取り組みがシカゴで始まった。

シカゴ大学の社会学者クリフォード・ショウ（Clifford Shaw）は、「少年非

行は地域の生活をよくすれば減らせる」との信念からシカゴ・エリア・プロジェクトを立ち上げた。貧しい移民の地域では、貧困や健康、失業、衛生、乳幼児死亡率などの問題とともに、少年非行は大きな問題であった。ショウは、ラッセルスクエアのほか、2か所で事業を実施した。地域に暮らす少年たちや、施設から退所してきた少年たちが地域に戻ってきた時にケアすることや、学校に対してアウトリーチすることで、コミュニティ自体が犯罪を抑制する機能を持ち、少年非行を防げると信じた。

1941年になるとシカゴ南部地域のアフリカ系アメリカ人のコミュニティにおいてもリーダーを見出し、プログラムの展開を図った。

1947年になるとシカゴ市内の7か所、1950年代の終わり頃には、15組織のコミュニティ委員会が立ち上がった。1950年代にシカゴ・エリア・プロジェクトの最大のターゲットは、シカゴ南部地区のハーレムであるブロンズビル（Bronzeville）だった。この地域の少年非行率は、他の地域と比べものにならないほど高かった。このような地域での取り組みは、シカゴ・エリア・プロジェクトの取り組みの在り方を確実なものにしていった。

1960年代になると、シカゴ・エリア・プロジェクトのコミュニティをベースとしたアプローチ、自己決定、地域に存在するリーダーをそのままプロジェクトのリーダーとして進めるといった方法論は人々の賛同を得るようになった。

シカゴ・エリア・プロジェクトは、青少年の生活の改善を目指した活動であり、常に、コミュニティを1つの単位としてアプローチを行ってきた。この取り組みは、地域においてすでに活動をしているリーダーや活動グループと共同して事業を進めていくという特徴を持っており、その組織の自己決定を重視している。このようなコミュニティ・アプローチの仕組みは、今日のコミュニティ活動の展開との類似点がみられ、この時期にコミュニティを基盤とした取り組みの基礎が作られていったと考えられる。

後に、1964年に始まった合衆国政府によるコミュニティ・アクション・プログラムには、シカゴ・エリア・プロジェクトに精通していたリチャード・ブーン（Richard Boone）が登用され、これをモデルにデザインされた（Hallman, 1973）。

(5) 大恐慌と社会福祉制度の整備

1929年秋、全米を揺るがす経済的脅威が襲った。株式が大暴落したのをきっかけに世界恐慌が起った。1,300万人とも1,400万人ともいわれる失業者が国中に溢れた。銀行は閉まり、多くの市民は蓄えを失った。恐慌によって様々な社会福祉問題が急増し、近隣地域を中心としたアプローチは限界をみた。もはや、貧困や失業や、これによって生じる様々な社会問題は、合衆国全体に広がり、移民やコミュニティ・レベルの問題にとどまらなかった。そして、その規模も私的な資金によって細々と行われてきたコミュニティ・アプローチによっては解決できない状況に達したのであった。

1930年代から40年代にかけては、厳しい生活条件のもと、コミュニティを基盤とした展開には、新たな局面が生まれた。ソウル・アリンスキー（Saul D. Alinsky）は、労働者を組織化する手法を使って地域組織化を行い、政府への要求運動などを行う裏庭運動（Back of the Yards Movement）を展開した。

同時期に、ニューヨークでは、劣悪な居住環境や条件の改善を要求するテナント運動が展開され、これらは、この時代の行政の対応や法制に影響を与えた。

このようにして形成された組織は、やがて、各地域における主要な担い手として継続的に活動を続けた。

1931年になって漸く政府は失業者対策を始めた（Trattner, W. I. 1974）。

一方、このような要求運動による突き上げや、失業者の増大を契機に、1930年代から1960年代に、アメリカは国家としての福祉制度の基本を形成していった（岡田 2006）。これと同時に、中央集権化が進み、また、国家主導によるリベラルな政策が展開された。この中央集権化は、コミュニティ・アプローチを衰退させた（Hallman, 1973）。1930年代から60年代にかけては、コミュニティ・アプローチにとっては冬の時代であった。

しかし、コミュニティ・アプローチのアイディアは、民間からの人材の登用によって中央政府の政策の中にも生かされた。ハロルド・アイクス（Harold Ickes）は、シカゴのハルハウスにおいて働いていたが、フランクリン・ルー

ズベルト政権のニュー・ディール政策におけるキャビネットのメンバーとなって、コミュニティ・アプローチのアイディアを政策に反映させた (Hallman, 1973)。そして、セツルメントハウスのワーカーたちは、第二次世界大戦後のコミュニティ・アプローチの先導役となった (Hallman, 1973)。

CCIs の起源となる地域の外からの介入によるコミュニティ・アプローチは、急激に成長した都市が抱える様々な問題、特に健康と子どもや少年の問題、貧しい移民たちの生活が近隣地域における中産階級に対する不安と持てる者としての使命感をきっかけに、やがて、アメリカの伝統的な民主主義、自助の精神といった理念に則ってその基礎が形成されていった。これに加えて、その後、専門家の介入や住民と専門家との共同といったソーシャルワークの伝統に則ったアプローチが始められ、現在の CCIs につながるような取り組みが育まれていった。

さらには、セツルメント運動やコミュニティ・センター運動など先進的な実践の中で活躍した人材が、他の組織や、政府のプロジェクトの先導役として取り込まれていったことによって、コミュニティ・アプローチの考え方は特に、公営住宅、社会保障、健康といった分野の政策に反映されていった。

(6) コミュニティ・オーガニゼーションの確立と理論構築

1930 年代から 1950 年代頃にかけては、コミュニティ・オーガニゼーションが確立し、現在にも引き継がれているような理論的構築が行われた。

1939 年、レイン報告が出され、1940 年のフォローアップ報告書とともに、コミュニティ・オーガニゼーションのプロセス、対象、任務、仕事などが再評価され、これまで、ソーシャルワークのマイナーな部分の一部であると考えられてきたコミュニティ・オーガニゼーションは、その定義を明らかにされた (Navin L. 1986)。

レイン報告は、コミュニティ・オーガニゼーションの理論形成過程において、初めてコミュニティ・オーガニゼーションを理論化したという重要な位置づけにある。報告では、コミュニティ・オーガニゼーションは、コミュニティ集団への直接的な働きかけでなく、サービスの調整及び、福祉ニードと社会福祉資源の調整を図るものと位置づけられた (Navin L. 1986)。報告は、

コミュニティ・オーガニゼーションとは、(1) ニードの発見と決定、(2) 社会的困窮と無力の解消と予防、(3) 社会福祉資源とニードの結合、及び、変化するニードをよりよく充足するための資源調整であるとしている。

1940年代には、コミュニティ・オーガニゼーションの理論研究はより進展し、ソーシャルワークの養成校において教育、訓練が行われ、ソーシャルワークの1つの基本的方法として一般に受け入れられるようになった（山口2010）。

その後、レイン報告を継承し、ダーナム（Dunham, Authur）、プレイ（Pray, K.L.M）、ニューステッター（Newstetter）、ロス（Ross M.G.）などが次々にコミュニティ・オーガニゼーションの理論構築に貢献した。そして、1950年代になると、小地域を対象とした民主的な統合化が課題となってゆく。このことは、前掲した最近の山口の著書に詳しい。

ダーナムは「社会福祉のためのコミュニティ・オーガニゼーションは、一定の地理的範域、もしくは、機能的領域における福祉ニードと社会福祉資源を調整し、維持するプロセスである」とした（山口2010）。プレイは、コミュニティ・オーガニゼーションは、ソーシャルワーク実践の1つであるとし、3つの条件を掲げた（山口2010）。ニューステッターは、「インター・グループワーク」を提唱し、「インター・グループワーク・プロセスの2つの焦点は、目標の達成にかかわり、構成する諸集団間の関係を調整し、満足のいく関係を作ること、そして、諸集団の代表との間に十分な意思疎通と相互関係を作ること」とした（山口2010）。1960年代になるとロスマン（Rothman）が、コミュニティ・オーガニゼーションの3つのモデル（地域開発モデル、社会計画モデル、ソーシャル・アクション）に言及するなど理論的成熟をとげていった。

このようなコミュニティ・オーガニゼーションの理論構築が進んだことによって、地域への介入のあり方が議論され、方法論や人材の育成などにもつながっていった。

(7) グレイ・エリア・プロジェクト（Gray Area Project）から　モデル・シティ・プロジェクトへ

1950年代の半ば頃になると、フォード財団は、幅広い試みを荒廃した都市部で行うようになった。この取り組みの延長として1961年にグレイ・エリア・プロジェクトが推進された。グレイ・エリア・プロジェクトは、フォード財団がスラム対策を行いたいと考えている都市の市長と共同して、少年非行、巨大化する都市、インナーシティの学校の荒廃に対応するためにコミュニティを基盤とした取り組みを実施したものである。

　フォード財団は、ポール・ヤビサカー（Paul Ylvisaker）をリーダーに据えて、教育、マンパワー、トレーニング、健康、住宅などにかかわる包括的な取り組みを展開した。この取り組みの多くは、後に、経済開発委員会（office of Economic Opportunity: OEO）によって公的な取り組みとして継承されていくことになった。

　ジョンソン政権の貧困との戦いには、政府が主導する2つの主要なコミュニティ・アプローチが採用されることになった。この貧困との戦いの一環として経済機会法が成立した。この中には、職業訓練、学校内外での活動、コミュニティ・アクション・プログラム（Community Action Program）が含まれていた。1964年には、ケネディ（Keneddy）、ハケット（Hackett）、ブーン（Boone）、そして、グレイ・エリア・プロジェクトで陣頭指揮を執っていたヤビサカー（Ylvisaker）が、ニュー・コミュニティ・アクション・プログラム（New Community Action Program）のチーフとして役職に就き、貧困との戦いの中心的プログラムの1つを担った（Hallman, 1973）。ブーンは、シカゴ・エリア・プロジェクトに精通していた。

　このようなアプローチが合衆国の施策として展開された背景には、ルーズベルト政権（1933〜1945年）において活躍したハルハウスのハロルド・アイスクル、ジョンソン政権でのヤビサカーのような人材の登用が影響した。民間でのコミュニティ・アプローチの理論や方法論が政策として取り入れられ、さらにそれが近隣地域で実働するコミュニティ組織を育てたのである。コミュニティにおいて活動した経験のある実践家は、住民参加の重要性を認識していた。コミュニティ・アクション・プログラムでは、事業の計画、決

定、実施について「対象地域集団」の「可能な最大限の参加（Maximum Feasible Participation）」を確保することが補助の前提条件にされた（西尾 1975）。一方、活発化した公民権運動の中で、アフリカ系アメリカ人地域では、自らが地域をコントロールしたいという欲求が高まり、このことが事業における住民参加を進めるようにもなった（西尾 1975）。「住民参加」は、市民参加との違いや、その方法、などにおいて活発な議論が交わされるようになり、この頃、関係行政機関と民間団体代表、対象地域住民の三者が参加する「三脚方式」が成立し、「市民参加」と「住民参加」の概念が別のものであることが明確化されたのである（西尾 1975）。こうして、アメリカ社会において、制度としての住民参加が成立した。

　1965 年になると、いくつかの省を統合して、住宅都市開発省（HUD）が組織された。その翌年になると、デモンストレーション・シティズ・アンド・メトロポリタン・ディベロップメント法（Demonstration Cities and Metropolitan Development Act）が成立し、デモンストレーション・シティ・プロジェクト（後のモデル・シティ・プロジェクト）が住宅都市開発省によって始められた。このプログラムは、ジョンソン政権の偉大なる社会政策（Great Society Program）の一部であった。これは、スラムの再開発のために、資金及び技術的な援助を行うためのプログラムであり、後に 1974 年のコミュニティ開発包括補助金（Community Development Block Grant）へとつながることになった（Pine, 1986）。

　このプログラムが意図したところは、地方政府が、インナーシティにおけるスラムなどの荒廃した近隣地域において、社会的かつ物的な開発を実施することであった。マサチューセッツ工科大学出身のロバート・C・ウッド（Robert C. Wood）によって提案されたこのプロジェクトは、(1) 物的、社会的な変革によりインナーシティの近隣地域を刷新する、(2) 住宅の供給を増やす、(3) 合衆国政府、地方政府、私的なセクターによって失業者と社会福祉を減らし、教育の機会と職業訓練を実施し、社会環境と配達システムを改善すること、(4) この結果、バランスのとれた社会形成に貢献する、というものであった（Pine, 1986）。このプロジェクトでは、当初の計画において住民の意見を取り入れることを条件としていたほか、これに参加した都市には、

当初5年間の補助金が与えられた。1972年には、このプロジェクトに参加する都市は150都市になり、住宅・都市開発省は、多くのソーシャルワーカーを雇用した（Pine, 1986）。

このプロジェクトを進行した主体の中には、たとえば、既存の地域組織として、セツルメントも含まれていた。1906年（Corbettの記述では、1903年となっているが、グレイス・ヒル・セツルメントの公表では1906年）セント・ルイス市において設立されたグレイス・ヒル・セツルメント・ハウスは、当初キリスト教のプロテスタント教会を母体とした組織であったが、後に教会の活動とセツルメント活動は切り離され、教会はその建物をセツルメントに寄付し、そこがその後のコミュニティ・アプローチの拠点となった（Corbett, K. T, 1986）。

> 1965年、近隣地域自体の人口は、約10,000人程度で、非常に貧しかった。白人の移住者が中心であったが、黒人が増えつつあった。経済機会開発局の補助金によって、グレイス・ヒル・セツルメントは、住民参加によって地域の問題を解決する取り組みを始めた。この活動に興味を示した集会、アセンブリズ（assemblies）と呼ばれるグループと専門家グループ、そして、250人の住民は、コミュニティ・オーガナイザーとして訓練を受けた。1967年だけでも、36,000のミーティングがセツルメントハウスで行われた。全国エピソコパル教会もこの活動を支援した。そして、クリニック、ヘッドスタート、ソーシャル・サービスが地域で提供された。（Corbett, K. T, 1986 より抜粋）

ヘッドスタートは、貧困との戦いにおいて取り入れられた幼児教育プログラムである。

モデル・シティ・プロジェクトがスタートする以前に、地域では近隣地域の改善に関する意欲やニーズが高まっていた。そうしたところに、1968年、セント・ルイス市で最初のモデル・シティ・プロジェクトの補助金を受けて、マーフィ・ブレア地区（Murohy-Blair District）において近隣地域開発プログラムが実施されたのである（Corbett, K. T, 1986）。

グレイス・ヒル・セツルメントは、これまでの地域組織化と同様の手法で

地域に入り込んでいった。上の記述にあるように住民は、プロジェクトの計画や実施に参加するだけでなくソーシャルワーカーとしての訓練を受けたのだった。また、グレイス・ヒル教会の牧師もこれに対して深くかかわりを持ち、半年間の間に、52の近隣地域改善目標が打ち立てられたのである。

　西尾は、この事業がアメリカでの制度としての住民参加の仕組みの成立であるとしている（西尾1975）。住民参加が成立するためには、グレイス・ヒルの例にみられるように古くから地域に根差していた教会、セツルメント、ソーシャルワーカーといった人々の地域への介入が不可欠であった。

　この頃になると、セツルメント運動は、慈善的な活動から事業体へと変化し、政府の補助金による事業を近隣地域で実施するようになっていったのである。活動の対象地域は、当初のセツルメント運動とは異なり、政府補助金を受けることによって対象地域エリアが限定され、地理的にサービス域がより明確になった。

　1971年、グレイス・ヒル・セツルメント・ハウスは、会社組織（Consolidated Neighborhood Service, Inc）を設立して、保健医療、ソーシャル・サービス、住宅に関するサービスを実施した。現在では、グレイス・ヒル・セツルメント・ハウスとグレイス・ヒル・ヘルスセンターとして存在しており、医療サービスを中心にコミュニティ及び経済開発を実施し、42戸の賃貸住宅を所有している。しかし、ここで最も画期的と考えられた活動は、住民同士の資源交換活動（Member Organized Resource Exchange）で、コンピューターによって、近隣地域の住民がニーズと資源、スキルなどを交換する事業だった。マーフィ・ブレア地区での活動は、マーフィ・ブレア・ハウジング・コーポレーションとして現在でも活動を続けている。このようにして、貧困との闘いによるプロジェクトは、近隣地域の中にコミュニティ開発法人のような実践的な組織を産むことにもなった。

　リー・ウィリアムス（Lee Williams）は、貧困との戦いのプロジェクトの中で、最も成功した地域の1つは、サンフランシスコにあるミッション地域であろうといっている。当時この地域で活躍したミッション・コアリション・オーガニゼーション（Mission Coalition Organization、以下M.C.O）は、サンフランシスコ市の面積の約1/5、人口規模では、約14万人の地域であったが、

東洋人、スペイン語を話す移民、アフリカ系アメリカ人などを含むマイノリティグループと白人などが混在する地域であった（Williams, 1986）。M.C.Oは、1960年代のモデル・シティ・プロジェクトの推進母体として形成されたと考えられるが、アリンスキー・スタイルの地域組織化に影響されていた（Williams, 1986）。そして、モデル・シティ・プロジェクトにおける住民参加をもっと進めるように市に要求し、マイノリティの雇用、住宅、コミュニティ再生などを精力的に行った（Williams, 1986）。このように政府主導の取り組みによって、一旦下火となっていたコミュニティ・アプローチが復活した。ジョンソン政権期の諸策は、欠陥も多かったといわれているが（岡田、2006）、これらの政策は、各地に多くの地域密着型の組織を生んでいったのである。また、1964年以降の公民権運動の一端として、アフリカ系アメリカ人の急進的なリーダーたちが、強い自治権を求め、「自分たちの地域のことは自分たちで決定する」という要求を示していたことは、コミュニティ・オーガニゼーションの在り方を規定する要因にもなった。しかし、1960年代の社会全体としての動向は、政策面では国家主導、運動論的な観点からは公民権運動など合衆国全体を巻き込むようなレベルの運動が強く現れた。

　ニクソン政権は、モデル・シティ・プロジェクトを継続したが、1974年になると、これをコミュニティ開発包括補助金に切り替えた。モデル・シティ・プロジェクトは、中央政府の補助金を近隣地域に落とす方法をとる初期の試みであり、これが、コミュニティ開発包括補助金につながるきっかけとなったのである。この補助金によって、コミュニティ・ディベロップメントとその担い手であるコミュニティ開発法人が大幅に活発化した。

　一方、グレイ・プロジェクトを担ったフォード財団は、1980年代後半になると、アナ・ミラー（Anna Miller）を中心として、最初のCCIsをニューヨークのサウス・ブロンクスに立ち上げることになるのである。

　このように、直接現在につながるコミュニティ・アプローチの仕組みとそれを担う組織は、1960年代と1970年代に育っていった。特に、住民参加が制度として規定されたことは、大きな成果であった。しかし、その実態については、様々な議論や課題があった。

(8) アドボケイト・プランニングと助成財団

　貧困との戦いの中で、都市計画の分野では、都市計画家が住民、特に貧しい住民のサイドに立って、対抗的な計画を行うアドボケイト・プランニング（Advocate Planning）という考え方が出現した。アドボケイト・プランニングとは、「都市計画関係の在野の専門職業家が無償で住民団体の依頼に応じ、この住民団体に代表されている集団利益を弁護するために、公共機関が作成した計画に批判を加え、あるいは代替計画を立案し、さらにはこのような計画扶助活動を媒介にして住民運動の基盤を広げ、その政治的影響力を補強していく運動」と説明されている（西尾 1975）。しかし、この方法には、いくつかの課題があった。都市計画は本来、公共の福祉[4]を実現するためのプロフェッションであり、アドボケイト・プランニングの思想は、この職業倫理に対抗するものであった。クライアントが貧しい住民となると、どこからその専門的活動に対する対価を得るかが問題となった。しかしながら、合衆国政府や地方政府から補助金を得て、その計画に反対する運動を推進することには矛盾があった。そこで、都市計画家たちは、民間の助成財団の資金源を求めるようになった（西尾、1975）。こうして、コミュニティ・アプローチのための資金を民間助成財団が提供するという枠組みが形成されていった。

(9) 住民参加と対象範囲

　コミュニティを基盤とした援助は、開拓時代が終焉し、大都市に非熟練労働者として大量の移民が流入するようになった19世紀末に、ソーシャル・セツルメント運動として始まった。この運動は慈善的な運動として始まり、子どもの保育、教育やレクリエーションなど生活の多様な分野において移民の生活を助けたが、彼らをアメリカ的に教育することによって多くの問題が解決されるという思想に基づいていた。当初は、対象地域の地理的範囲は明確にされていなかった。

　対象地域の地理的な範囲が明確になるのは、20世紀にコミュニティ・セ

---

[4] 個人の利益に対する公共の福祉の意味。都市計画家の役割は、特定利益を離れて諸利益間の調整を図り、公共の利益を具現化した計画を作成しなければならない。

ンター運動やシンシナティ・ソーシャルユニットプランなどによって住民参加が位置づけられてからである。住民参加と地理的範囲の明確化の間には密接なつながりがある。地理的な範囲が規定されることによってステイクホルダーが明らかになる。すなわち「住民」が誰なのかが範囲が決まることによって一目瞭然となるのである。このような考え方を実践化したのが、ブロック委員会を形成して住民参加を実施したシンシナティ・ソーシャル・ユニットである。このプロジェクトは、わずか3年間で終了したが、ブロック委員会のシステム、専門家と住民の合同会議、民主主義的運営など現在に通じるメソッドの多くが盛り込まれていた。

コミュニティ・センター運動は、学校を中心とした活動を住民が実施しコミュニティをより良いものにしていくという考え方のもとに始まっており、「学校区」を規定したことで、地理的な範囲が明確化された。ここでは、小学校を社会活動に利用する対象者が明確になったのである。

このように、20世紀初頭には、活動の地理的範囲の明確化と、住民参加や民主主義的理念を基本として、ソーシャル・セツルメントの移民へのアメリカ教育とは異なる近代的な考え方がコミュニティ・アプローチに導入された。

政府のモデル・シティ・プロジェクトなど都市の改善事業の中で住民参加が制度化され1つのシステムとして成立した。これに加えて、1964年以降の公民権運動の急進的なリーダーたちは、自治権の要求を強く打ち出し、コミュニティを基盤とした事業の中でもその考えが強化された。このため、アフリカ系アメリカ人のコミュニティにおける住民参加がおのずと進んだ。

次に、20世紀初頭に活動を展開する方法として、すでに地域に活動を展開している組織が賛同すれば、事業資金やノウハウを提供するという方法が編み出された。シカゴ・エリア・プロジェクトにみられるこの方法は、地域を熟知した組織と共同することでより簡単にコミュニティを基盤とした事業を展開することができる画期的手法であった。民間組織は、それぞれの事業目的や理念によって活動しているが、これを認めたうえで、共同できる部分で共同していくという方法論が確立したことで、政府との共同事業も容易になった。この方法は、政府の政策や民間資金団体やインターミディアリーが

事業を推進していくうえで有効な方法であり、各団体は、これらの資金を獲得することによって経済的に強化され、また事業推進力を得た。

これらの仕組みを作ってきたのは、ソーシャル・セツルメント運動に始まる民間活動であったが、主要な民間組織で活動した人材が連邦政府の主要な位置に登用されたことで、様々なノウハウが政府の施策の中に直接組み込まれていった。

このようなコミュニティを基盤とした歴史的な活動は、主にシカゴを中心とした中西部や東海岸の大都市において発展していった。ハルハウス、シンシナティ・ソーシャル・ユニット、シカゴ・エリア・プロジェクトなど民間の活動が政府の施策へと取り入れられて行った。

そして、現在では、コミュニティを基盤とした組織や事業展開の方法は、特に大都市の荒廃に対応する事業の中で強化され、アメリカの地域再生やソーシャル・サービスなどの一端を担う重要な役割を担っている。

コミュニティを基盤とした事業には地域の課題に適切な対応ができるという利点がある半面、有能な事業体が育っていない地域では地域住民は事業の恩恵を受けることができない点や、不況による大量の失業問題など社会構造的な課題には対応できないといった短所を理解しておく必要がある。

1.2 住宅法制の整備とコミュニティ開発

1935年の社会保障法の成立に続き、1937年アメリカ住宅法が法制化され、公営住宅の直接供給などによる住環境の保障を位置づけた。1930年代から1960年代にかけて行われた中央集権化は、コミュニティ・アプローチを衰退させたが、その半面、住宅政策に関する取り組みを拡充させた。そして、この時代にアメリカは、社会福祉や住宅を含む国家としての福祉制度の基本を形成した（岡田 2006）。

住宅法制としては、1934年に成立した住宅法によって、公営住宅の直接供給が制度化された。しかし1974年以降、民間事業者を担い手として低所得者向け住宅の間接供給を行う方向に住宅法制が大きく整備されるようになり、このことは、大都市におけるコミュニティ・アプローチに少なからぬ影

響を与えた。コミュニティ開発（Community Development）を資金と技術の両面から支えるインターミディアリーの成立は、全米でコミュニティ開発法人（Community Development Corporations）が急成長する契機となった。

(1) アメリカ住宅政策の転換──直接供給から間接供給へ──

1937年住宅法（Housing Act of 1937）による住宅政策は、公共住宅の直接供給を中心としたものであった。その後新たな住宅政策が登場するのは、第二次世界大戦後のトルーマン政権期であった。

1949年住宅法（Housing Act of 1949）は、都市再開発を含む包括的な住宅対策を掲げた法律として成立した。この法律は、合衆国として、スラム問題と住宅の不足に対応する住宅政策に関する方針を定めた初めてのものであった。しかしこの法律は、スラムを一掃することは規定していたが、その跡地に低所得者向けの住宅を供給することは、必ずしも規定していなかった。むしろ、住宅以外の用途を含んで土地利用を進めることを求めていた。住宅供給に関しては、地方政府が公営住宅を供給するためのローンや、補助金が盛り込まれた。フェアバンクス（Fairbanks）は、この法律における近隣地域での住民参加は非常に限られたものであったが、次の2つの意味で影響を与えたといっている。

1つは、都市再開発によって、大量の人口が移動を余儀なくされ、この理不尽な開発に対して、反対するところから、新しい都市開発の理念として近隣地域というものを重視する考えが生まれたことである（Fairbanks, 1986）。もうひとつは、都市再開発が、地方政府の役人に大きな権限を付与したことから、近隣地域の住民グループは権力に近づきやすくなった。このことは、近隣地域を基盤としたコミュニティ・オーガニゼーションを形成する結果にもなったことである。

1954年住宅法（Housing Act of 1954）は、アイゼンハワー政権において成立した。この法改正の中でも近隣地域にとって最も重要な改正は、1954年法で規定された再開発（redevelopment）について都市再生（Urban Renewal）と改め、地方政府が事業を行うことが可能になったことと、スラムを一掃するということのほかに再開発、修復、保全と様々な選択肢が広がったことであ

る（Fairbanks, 1986）。さらに、この改正では、ワーカブル・プログラム（Workable Program）というパートを設けており、この中には、スラムクリアランスなどによって、住居移転を余儀なくされた世帯のための住宅対策とコミュニティへの参加が規定されていた（Fairbanks 1986, Rhyne 2011）。しかし、当初のコミュニティの参加は、形ばかりのものだった。1960年代になると、この市民参加の規定はもっと強化されることになった。ハウジング・アンド・ホーム・ファイナンシング・エイジェンシー（Housing and Home Financing Agency）は、都市再生事業への市民参加を進めるためにコミュニティ・オーガナイザーを雇用した（Fairbanks, 1986）。このような努力にもかかわらず1954年住宅法は、スラムクリアランスによって結果的に近隣地域を破壊し、低所得者の住宅難を引き起こした（Fairbanks, 1986）。

1968年、ジョンソン政権下で、住宅都市開発法（Housing and Urban Development Act 1968年）が成立した。この法律は、2,600万戸の住宅供給目標と、先に述べたモデル・シティ・プロジェクトを含む約700もの補助金に影響を与えた（Pine R. L. 1986）。住宅に関しては、セクション235という低所得者向けの持家補助や、セクション236という低所得者向けの家賃補助付き賃貸住宅に関する補助金が設けられた。

これらの住宅法制の中で、最もコミュニティ・アプローチに影響を与えたのは、1974年、フォード大統領政権下において成立した住宅コミュニティ開発法（Housing and Community Development Act）だった。これによって近隣開発に関連する法律が大幅に整備された。住宅整備やテナントサービスを含む様々な補助金が整備されたが、コミュニティ開発包括補助金（Community Development Block Grant、以下CDBG）を活動資金として、地域密着型の住宅及び地域の再生を行う組織が数多く合衆国全土で育つことになった。ブロック・グラント（block grant）とは、地方政府が自由裁量によって使える政府一括補助金を意味する。

アメリカでは、コミュニティにかかわる事業は、地域の特性や経済的な実情に合わせて実施されるべきとの考えにより、連邦政府による再開発プログラムに対する地方政府や近隣地域の抵抗が強かったことから、他の政策分野に比べて早くから地方への権限移譲の必要性が唱えられた（岡田 2006）。コ

ミュニティ開発包括補助金は、この地方政府への権限移譲の一環として導入された。地方政府はこの補助金を自由に使うことによって、よりフレキシブルにコミュニティ開発に対応できるようになった。

住宅コミュニティ開発補助金のタイトル1は、モデル・シティズ、都市再生、近隣地域施設整備とともに使うことができる。補助金は、近隣地域の活動に最も影響を与えた（Fairbanks, 1986）。人口5万人以上の自治体や、20万以上の都市であれば、どこでもがこの補助金を使うことができた。

しかし、補助金を使うためには、いくつかの守らなければならないルールがあった。地方政府は、貧困世帯のためのプログラムを作成し、コミュニティ・ディベロップメントのニーズに対する対策を立案しなくてはならなかった。さらには、これと同時に住宅支援計画を持ち、公民権に関する法律を遵守し、住民参加の機会を作る必要があった（Fairbanks, 1986）。このように、補助金を使うためには、計画の立案、住民参加、公民権の遵守といった項目があったため、コミュニティ開発は、民主的かつ住民参加のもとに進めることが求められ、地域の物的な整備だけでなく、近隣地域にとっての住民参加のための窓口として活躍することにもなった。そして、これらの法整備によって、コミュニティ開発法人は、貧困な地域における新たな住宅供給の担い手となった。実際に、連邦補助による住宅供給数が、家賃補助型の間接供給に転換するのは、1980年代になってからである。

(2) コミュニティ開発法人の成長と発展

貧困との戦いにおいて導入されたモデル都市事業では、対象地域に事業の受託機関を設置して事業を行った。この受託機関は、通常コミュニティ・コーポレーションと呼称され、地域の住民によって運営されていた。このような組織を基礎に、受託機関としての事業だけでなく地域をコントロールすることや経済社会開発サービスを担う動きが、黒人民族主義（Black Nationalism）とともに高揚した（西尾1975）。1960年代には、コミュニティ・ディベロップメント・コーポレーションを法案化しようとする動きが現れたが、結局法制化には至らなかった。ミルトン・コトラーは、近隣政府論としてこのような住民自治の動きを理論化した。

1章 コミュニティ・アプローチの起源と展開 39

　コミュニティ開発法人（Community Development Corporations, CDCs）は、一般的に CDC と呼ばれることもあるコミュニティを基盤とした開発主体であるが、名称に関して法律的な規定があるものではない。地域密着型、非営利で、かつ、ハウジング、商業開発などフィジカルな事業を実施している。コミュニティ開発（Community Based Development）は、コミュニティ・オーガニゼーションの一部として捉えられている場合もある（Fisher, 1981）が、コミュニティ・オーガニゼーションとは、異なる立場と考えによって活動する非営利組織であるとする考え方もある（Capraro, 2004）。

　コミュニティ開発法人は、1960 年代に貧困との戦いのプログラムの中で、コミュニティを基盤として様々な事業を実施するために、新たに組織化されたものや、セツルメントのような古くからの既存組織が政府の補助金を受けて活動するようになり、発展的に変質していったもの、公民権運動の中での権利とサービスを獲得する運動の中で、アフリカ系アメリカ人が多く暮らす近隣地域のためのコミュニティ・ガバナンス組織として生まれたもの、これと類似したもので、ソウル・アリンスキーによるコミュニティ・オーガニゼーション組織から発展して事業を実施するようになったものなどいくつかのルーツがある。

　1973 年までには、約 200 のコミュニティ開発法人が全米で組織化された（Perry 1973, Ford Foundation 1973, Anglin and Montezemolo 2004）。

　1970 年代後半に設立された LISC（Local Initiative Support Corporation）やエンタープライズ財団（The Enterprise Foundation）などのインターミディアリー（intermediary、日本語では、中間支援組織ともいう）によって、資金サポートと技術支援を受けるようになると、その数は飛躍的な伸びを示した。こうしてインターミディアリーを介在した資金獲得や法の制定によるコミュニティ開発法人の支援システムは、1980 年頃までに確立した（Vidal A. 1996）。このような中間支援組織を介在した非営利組織のあり方は他ではあまりみることができない（Berger and Kasper 1993, Ferguson and Stoutland 1996, Anglin and Montezemolo 2004）。

　コミュニティ開発法人を支援する組織として生まれた、National Congress for Community Economic Development（NCCED）は、その活動を活発化するこ

とはできなかったが、インターミディアリーは、経済と技術の両面から支援を行って、サポートすることができた（Anglin and Montezemolo 2004）。

インターミディアリーは、ネイバーフッド・リインベストメント・コーポレーション（Neighborhood Reinvestment Corporation）のように公的な出資によるもの、企業やフィランソロピストの出資によって設立されたもの、ある地域において、地方政府や他の非営利組織等の出資により設立された地域固有のものなどがある。これらのうち、ローカル・イニシアティブス・サポート・コーポレーション（Local Initiatives Support Corporation　以降 LISC）は、最も早く 1976 年に設立された。

ここで、主要なインターミディアリーの成立の経緯についてみておこう。

① LISC

1976 年コミュニティ開発に対する政府の補助金が削減され始めたとほぼ同時に LISC が設立された。政府の補助金は、カーター政権において削減され（Carlson and Martinez 1988, Kaplan and Cuciti 1986, Anglin and Montezemolo 2004）、さらに 1981 年小さな政府主義を掲げて登場したレーガン政権によって大幅に削減された（Stockman 1987, Anglin and Montezemolo 2004）。このような合衆国政府による予算の削減に際して、フォード財団は、コミュニティ開発の分野に関する支援について検討を始めた。そして、1979 年に "Communities and Neighborhoods: A Possible Private Sector Initiatives for the 1980s" と題するディスカッション・ペーパーを出した（LISC 2010, Anglin and Montezemolo 2004）。そこには、新たな組織を設立し、50 ～ 100 の実力のある近隣地域組織を支援して、都市の再生を行うことが明記されていた。これにしたがって、同年に 953 万ドル（うちフォード財団は、475 万ドル）の基金によって LISC が設立された。ここで、政府に代わって、衰退したコミュニティに技術的、資金的援助を行う専門組織が登場したのである。インターミディアリーは、様々な主体から提供される資金を集約し、これを分配する役割を担うようになり、これによって資金提供者は、個別の非営利主体を選択し、その資金提供の妥当性を吟味する必要がなくなったことで資金を出しやすくなった。インターミディアリーは地域の非営利組織を技術的、資金的に支援するようになり、

合衆国の大都市地域や農村地域を含め、各地においてコミュニティ開発法人を育てていく大きな機動力となった。そして、インターミディアリーの存在こそが、コミュニティ開発法人による、近隣地域開発の仕組みの要となったのである。

　LISC は、1982 年には、28 州において、58 地域、133 組織に対して 1,000 万ドルを超える支援を行った。そして、ニューヨークのサウス・ブロンクス、シカゴ、ボストンにおいて、地域オフィスを設立した。1984 年には、全米の 30 市に地域オフィスを設置し、7,000 万ドルを超える支援を実施した。1987 年には、ナショナル・エクイティファンド（National Equity Fund）を設立して、民間企業のタックスクレジットによって低所得者のためのアフォーダブルハウジングのための資金を募るようになった。これと同時に、LISC は、ローカル・イニシアティブス・マネッジド・アセット・コーポレーション（The Local Initiatives Managed Assets Corporation：地域資産管理機構）を設立し、コミュニティ開発法人が作った住宅未払いローンを購入するという低リスクの投資機会を投資家に提供するための第二市場を形成してコミュニティ開発への融資を引き出す機能を担うようになった。このように 1980 年代には、住宅金融を絡めたコミュニティ開発支援の仕組みが構築され、1980 年代、アメリカの低所得者向け住宅供給が民間にシフトされるようになったのである。

　1990 年代になると、15 の財団や企業がロックフェラー財団のピーター・ゴルドマーク会長によって集められ、ナショナル・コミュニティ・ディベロップメント・イニシアティブス（National Community Development Initiatives：NCDI ＝現在のリビング・シティ＝ Living City）を形成して、最大のコミュニティ・ディベロップメントに対する支援組織となり、2010 年までに 3 億 2,500 万ドルを超える投資を LISC に対して行った。

　1990 年代に入ると、住宅中心だった LISC の事業は多角化の方向へと転換する。1993 年には、商業施設の整備に力を入れるようになり、スーパーマーケットや小売店舗の整備に力を入れ始めた。衰退した地域では、広大な土地が空き地として放置され、市場がないとあきらめた商業施設が撤退して、インナーシティでは、野菜や食料を買うための店舗がなくなり、人々は日々の

食料を買うにも苦労していたのである。2010年までに、LISCは、スーパーマーケットなどの商業施設に対して1億ドルを投じた。1994年になると、LISCの事業方針は、ますます多角化する。LISCは、戦略的プラン"Built out of the community Development"を掲げて、チャイルドケア、地域の安全、組織の育成、商業再開発などの分野に支援を拡大することを決めた。これに対して、HUDとNCDIは一緒になって、LISCに対する支援を行うことになった。これによって、コミュニティ開発法人の活動自体も、多角的かつ包括的に変化していったのである。1980年代に成立したコミュニティ開発の仕組みは、インターミディアリーを中心として、民間資金を活用する仕組みを形成し、インターミディアリーが立案する方針が、大きくコミュニティ開発や、コミュニティ開発法人に影響を与えるようになった。

　LISCによる支援は、2010年現在では、補助金、ローン、エクイティなどの形で、11億ドルに達している（以上LISCパンフレットより）。

②エンタープライズ・ファンデーション（**Enterprise Foundation**）

　エンタープライズ・ファンデーションは、1982年にワシントンDCにおいて、教会を中心としたコミュニティ・ディベロップメントの活動に刺激されたジェームス・ルース（James Rouse）とその妻パトリシアによって設立された。ルースは、民間開発会社の代表者として、長年、商業開発や住宅地開発にかかわりを持っていた。彼は、CEOをリタイアすると、妻とともに、エンタープライズ・ファンデーションを設立した。J. ルースは、1953年アイゼンハワー政権においてハウジング・タスクフォース、1987年レーガン政権のプライベートセクター・イニシアティブスのタスクフォースのメンバーとなり、1987年には、ナショナル・ハウジング・タスクフォースの議長を務めるなど、合衆国の住宅政策には精通していた。

　1982年から2009年までの間に、1,060億ドルの資金を提供、27万戸の住宅を供給した（Enterprise, 2009）。エンタープライズは、エンタープライズ・ソーシャル・インベストメント・コーポレーション（Enterprise Social Investment Corporation＝ESIC）というタックスクレジットを販売する会社を設立して資金を確保するなど、ソーシャル・ベンチャーを抱き合わせて、コ

ミュニティ開発を支援する仕組みを構築している（Anglin ら 2004）。これによって年間約 120,000 戸の住宅を供給している（Enterprise, 2009）。

エンタープライズは、地域安全、女性のネットワーク、保育サービスなど住宅以外のサービスについても支援を実施している。また、エンタープライズは、全米各地に 16 のブランチを展開しているが、このうちアトランタでは、学校を中心としたコミュニティ・ディベロップメントに早くから着手するなど、包括的な開発につながる先進的な試みを行っている。

当初のコミュニティ開発は、特に住宅供給に主眼が置かれ、賃貸住宅供給を中心とした事業展開がなされた。経済開発は、リスクが高く、期待はずれな結果になることが多かった（Anglin ら 2004）。コミュニティ開発法人のリーダーたちは、投資に対して高い成果を上げる必要があったため、賃貸住宅やアフォーダブルハウジングなどリスクの低い事業を中心に実施するようになった（Anglin ら 2004）。

1970 年代後半から 80 年代初頭にかけて 2 つのインターミディアリーが設立されたことで、コミュニティ開発法人は、強力なサポートを得て、事業基盤を固めていった。インターミディアリーが掲げる方針は、コミュニティ開発法人に直接影響しやすい環境にあった。1980 年代になると、地方政府や都市は、独自のインターミディアリーを設立するようにもなった（Anglin ら 2004）。これらのインターミディアリーは、コミュニティ開発法人の能力開発や業績に着目し、この関係は、コミュニティ・ディベロップメント・パートナーズ（Community Development Partners = CDP）と呼ばれている。

アングリン（Anglin）らは、インターミディアリーには 2 つの大きな役割があることを指摘している。1 つは、合衆国政府、地方、私的なファンドやタックスクレジットなどの細切れな資金をまとめるという役割である（Anglin ら 2004）。2 つ目は、コミュニティ開発法人が合衆国や州の補助金を受けることを助ける役目である（Anglin ら 2004）。インターミディアリーは、都市圏ごとにブランチを設置し、地域レベルで事業展開を行った。これによって、資金と人材が同時に地域に届くようになったのである（Glickman ら 1998）。

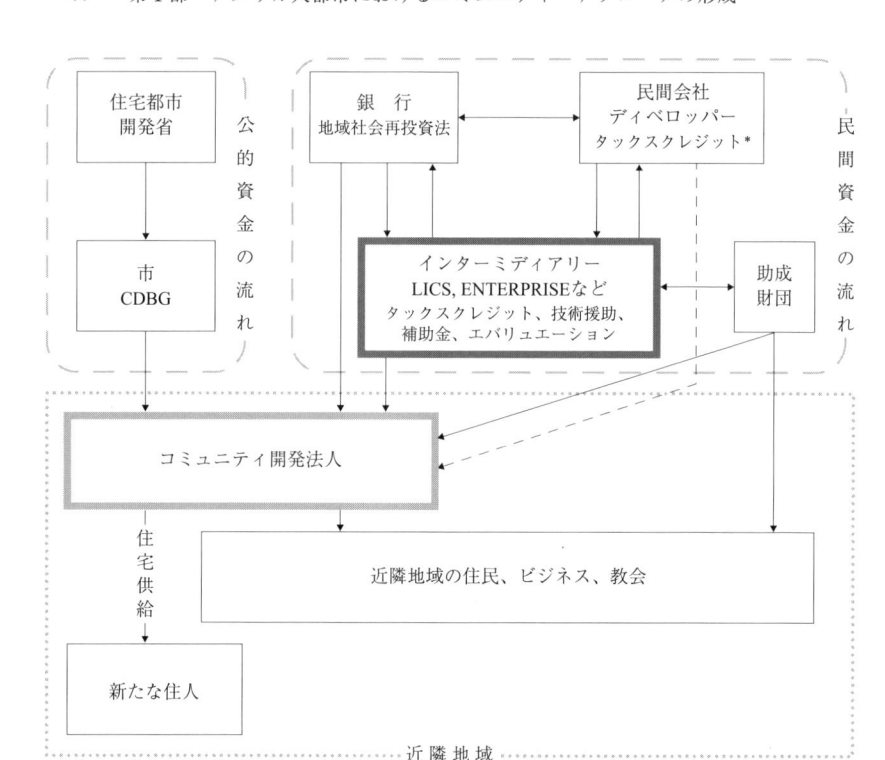

図1-1 コミュニティ・ディベロップメントにおけるインターミディアリーの役割
出典：(仁科 2010) Vidal 1992を参考として筆者が加筆。
＊タックスクレジット（LIHTC：Low Income Housing Tax Credit: 低所得者住宅投資税額控除）：CDCによる住宅建設に民間企業が投資した場合、企業は、投資分の税金控除を受けることができるとするシステムである。企業にとっては、税金をそのまま支払うより、低所得者住宅に投資するほうが、メリットが大きい場合がある。また、この投資は、企業の社会的地位を高める効果もある。

　インターミディアリーができたことによって、近隣地域レベルにおいて、開発主体（コミュニティ開発法人）と政府、民間企業、助成財団が一体的に協力できる体制が作られた（Glickmanら1998）。このことは、組織の安定化をもたらし、銀行などの資金融資を受けやすくした。地方公共団体にとっては、コミュニティ開発法人が近隣地域で直接事業を実施することは好都合であった（Glickmanら1998）。
　こうして、コミュニティ開発に届く資金は、インターミディアリーを通して各コミュニティ開発法人に届けられるという独特の仕組みが構築され、資

表1-1 コミュニティ開発法人の経年変化

	1988年	1991年	1994年	1998年	2005年
コミュニティ開発法人の数	2,000	2,000	2,200	3,600	4,600
住宅供給戸数	125,000	320,000	400,000	650,000	1,252,000
商業床(sq.ft)	16,000	17,000	23,000	65,000	126,000
雇用開発数	26,000	NA	67,000	247,000	774,000

データ出典 NCCED Census 2005 より。

金供給が安定化していったと同時に、合衆国政府や地方政府、私的な資金など様々な資金源から資金を調達するようになった（Glickmanら1998）。これによって、コミュニティ開発法人の経営は安定化し、数、人員、事業規模などが飛躍的に伸びていくのである。

コミュニティ開発法人は、1980年代後半頃には、アメリカの貧困地域におけるコミュニティを基盤とした開発の主要な担い手となってきた。そして、低所得者向けの住宅の供給者としても最も有力な存在となった。当初、草の根のボランティア組織として展開されてきたコミュニティ開発法人であったが、半世紀の間に、1つの産業といえるほどに成熟し、貧困地域における開発を推進している。その組織としての力を増し、事業推進能力を養ってきたと同時に、民間のファンデーション、政府、インターミディアリーとの間に共通の事業目標を持って、これを推進できるまでに成長してきたのである。

NCCED（National Congress for Community Economic Development）の統計によると、コミュニティ開発法人の数は、1988年には、約2,000組織であったが、90年代後半には急速にその数を伸ばし、1998年には3,600、さらに、2005年には4,600組織になっている（表1-1）。住宅供給戸数は、1980年に12万5,000戸であったところが、90年代になると急速な伸びを見せ、2005年には10倍の125万2,000戸に上っている。商業床の供給もまた約2倍の伸びを示している（表1-1）。さらに、雇用開発数は、90年代後半に大きな伸びを示している。住宅供給の増大は事業の安定を確保した。

それでは、このようにコミュニティ開発法人を急成長させた90年代のアメリカの経済状況はどのようなものだったのか。70年代、80年代には、景気は低迷し続けた。しかし、1990年代には、1993年第1期以降2000年の第

表1-2　資金源

	1994年(%)	1998年(%)	2005年(%)
合衆国政府	77	90	88
州政府	51	46	38
銀行	48	49	49
基金	45	46	49
地方政府	40	31	30
インターミディアリー	27	41	44
企業	26	24	26
宗教施設	15	13	12

データ出典 NCCED Census 2005 より。

3期に至るまで、平均実質経済成長率4.0％を記録する経済成長を遂げる。大統領の経済教書2001年によると、2000年には、失業率は1976年以降最低となり、特にヒスパニックやアフリカ系アメリカ人の失業率は記録的に低下した（Council of Economic Advisers, 2001）。また、2000年の貧困率は、1979年以降最低レベルまで低下した（Council of Economic Advisers, 2001）。このようにアメリカの90年代は、まさに成長、好景気の時代であった。これと同時期に、コミュニティ開発法人による住宅、商業床の整備が飛躍的に進んだのである。

このことは、コミュニティ開発をより民間資金に依存した仕組みへと転換していった。コミュニティ開発法人の活動資金源について表1-2をみると、最も多くの団体が利用しているのが合衆国政府による資金であり、1994年、1998年、2005年の3年間では、1998年が最も割合が高く90％の組織がこれを利用している。しかし、州政府、地方政府の資金の利用は、むしろ減少傾向にある。

統計の期間を通して、飛躍的に伸張しているのは、インターミディアリーを通じた資金調達である。1994年では、回答者の27％が利用しているに過ぎないが、1998年では41％、2005年には44％がこれを利用するようになっている。コミュニティ開発法人の資金源がより民間、特にインターミディアリーを通じて得る民間企業のタックスクレジットや助成財団から得る資金にシフトしたことを示しており、コミュニティ開発の仕組みは、民間の資金状

表 1-3 コミュニティ開発法人のスタッフの雇用状況(回答数 999 団体)

	中央値	雇用者合計
フルタイム	7	153,000
パートタイム	3	46,000
ボランティア	5	132,000
合計		331,000

表 1-4 エグゼクティブ・ディレクターの年収(回答数 999 団体)

年 収	%
24,999ドル以下	8
25,000~39,999ドル	11
40,000~59,999ドル	27
60,000~74,999ドル	23
75,000~90,000ドル	16
90,000ドル超	15

表 1-5 福利厚生(回答数 999 団体)

福利厚生	%
健康保険	84
傷害保険	42
有給休暇	96
トレーニング	52
生命保険	52
年金(雇用者が保険料を支払う)	92
疾病休暇	88
フレックスタイム	42

表 1-3、4、5 ともデータ出典 NCCED Census 2005 より。

況やインターミディアリーの影響を受けやすくなった。

　NCCED の統計からみると、一般的なコミュニティ開発法人では、フルタイムのスタッフが 7 人、パートタイムのスタッフが 3 人といった構成で運営されている(表1-3)。エグゼクティブ・ディレクターの年収は 4 万~5 万 9,999 ドルと 6 万~7 万 4,999 ドルの範囲が、約 50% を占めており、比較的安定した収入を支払えるよう組織が力をつけてきていることが伺われる(表

1-4)。福利厚生は、給与と同時に、優秀な人材を確保するための手段として重要である。健康保険、有給休暇、年金などを整備している組織が概ね9割程度みられ、就業の場としての安定性と魅力を確保している。このような労働条件の整備は、一般の企業と競争し、人材を確保するために重要である。

1974年の住宅コミュニティ開発法をはじめとする住宅法制度の整備、インターミディアリーの形成などのコミュニティ・アプローチを支える仕組みは、コミュニティ開発法人の量的増加につながり、さらには、よい人材の確保や組織を強化していった。このようにして、まず1970年代には、法と組織の両面から、コミュニティ・アプローチの基盤が形成された。1980年代には、インターミディアリーの存在と役割が確立していくにつれて、より民間主導の活動として発展し、アメリカにおける近隣地域再生の仕組みの1つとして、さらに強固なものとして確立していった。

そして、1990年代には、コミュニティ・ディベロップメントは、潤沢な資金によって、より有能な人材を確保し、住宅供給、管理を行って事業を安定させ、民間資金を活用するシステムを確立していった。しかし、民間資金のパイプが太くなるにつれ、アメリカの近隣開発システムは、景気に影響されやすくなっていった。

(3) コミュニティ開発の諸相と検証

ここでは、これまで述べてきた法制とシステムの確立を背景に、コミュニティ開発法人がどのような活動を行い、どのように変化していったのかをその具体的な証言と記録に基づき検証する。ここで取り上げる組織は、いずれも、シカゴ市の近隣地域において、長期にわたって活動を続けている非営利組織である。

研究方法については、序章（2）研究方法に記述した。

①グレーター・サウスウェスト・ディベロップメント・コーポレーション（Greater Southwest Development Corporation）

グレーター・サウスウェスト・ディベロップメント・コーポレーション（Greater Southwest Development Corporation 以降 GSDC）は、1974年に設立され

たコミュニティ開発法人である。この組織が立地するシカゴ・ローン (Chicago Lawn) 地域は、シカゴ市の南西部、ミッドウェイ空港に近いエリアに立地し、缶詰の缶を製造する工場などが立地する労働者の町であった。

GSDCが設立された年には、住宅法が改正され住宅コミュニティ投資法が成立している。この地域は、約10万人の人口を抱える地域であり、全くのアフリカ系アメリカ人地域でもなく、スラムでもない、白人、アフリカ系アメリカ人、中東地域や南アメリカからの移民を含む働き者の労働者の住む地域である (McMarron, 2001)。

ジム・カパロは、この組織を設立した2年後の1976年に組織のディレクターに就任した。それから、30年間にコミュニティ・ディベロップメントによって、5億ドルの投資をシカゴ南西地域にもたらせた。GSDCが設立された当時、この地域は、大規模工場が撤退し、空き地が残されると同時に、大量の失業者の発生、そして、銀行によるレッドライニングといった悲惨な状況に見舞われ、地域は、衰退しつつあった。レッドライニングとは、マイノリティ人口が多く暮らす地域を線引きして、投資を行わないように銀行が内部規程を作ることである。地域では、レッドライニングに対する抵抗運動が行われていた。

シカゴ・ローン地域には、GSDCと並んで、伝統的なアリンスキー方式によるコミュニティ・オーガニゼーションであるサウスウェスト・オーガナイジング・プロジェクト (Southwest Organizing Project) が活動を行っていた。この組織には、28の地域組織と3万1,000世帯が参加していた。つまりシカゴ・ローン地域には、コミュニティ・ディベロップメントを行うGSDCとコミュニティ・オーガニゼーションを行うSWOPの2つの組織がそれぞれの立場で活動を行っていたが、両者は互いに長い間協力関係を保って活動を行ってきた。

カパロは1964年に、マルティン・ルサー・キング・ジュニアがシカゴにやってきた時の出来事を偶然目撃した。攻撃的な白人のグループによる投石やキング牧師の乗った車が攻撃される様子をみて、カパロは、「アメリカでは努力すればだれでも大統領になれる」というアメリカンドリームがある人々にとっては、全く現実的ではないのだという事実に気付き、なんとかし

なければなるまいと感じた。カパロは、このことが、後に、コミュニティ・ディベロップメントの事業を興すきっかけになったと語っている（Ladner, 2001）。この事件があった時、彼は16歳であった。

　GSDC の当初の事業は、状況が悪化しつつあったメインストリートの商業施設と状態が悪い家族向けの空き家を修繕して再生することから始まった。GSDC は当初から、質の高い住宅、経済開発、人種、エスニシティ、といったものがうまくバランスするように活動を行うよう心がけた。しかし、これは当初は容易なことではなかった。1976年から1980年頃までは、常に1つのプロジェクトを動かすことで精いっぱいだった。この時期について、カパロは連続的開発期（Serial Development Phase）と呼んでいる。54戸のアフォーダブルハウジングが完成するまでは、スーパーマーケットのプロジェクトに取り掛かることはできなかったし、同じように60戸の低所得の高齢者向けのタックスクレジットの住宅は、スーパーマーケットができるまでは、取り掛かることができなかった（Caparo, 2004）。

　GSDC は、地域の失業問題や、空き家、空き地の整備から始め、エコノミック・ディベロップメントを中心に、スーパーマーケットの誘致などを行った。そして、次には、タックスクレジットによる高齢者向け賃貸住宅整備を行った。GSDC が住宅整備に取り掛かった頃には、CDBG（コミュニティ開発包括補助金）はすでに縮小されて使いづらくなっていた。それにもかかわらず、GSDC の事業は LISC との共同によってうまく進んでいった。そして、1990年代になると、様々なプロジェクトを同時に進行することが可能になった。組織は成長し、より多くの人々が働くようになったためである。

　1994～2000年の間に、GSDC は、以下のような主要なプロジェクトを完了した。
・102ユニットの低所得者向け賃貸住宅をオープン
・多数の住宅の修繕
・10スクリーンの映画館
・2つのショッピングセンター
・全国的に展開しているショッピングセンターを誘致
・ナビスコを誘致

全米でも有数のベーカリーであるナビスコがきたことによって、1,800人分もの職が地域にもたらされた。そして、60エーカーの工場跡地の汚染土壌を清浄化して、アフリカ系アメリカ人女性企業家が所有しているプラスティック注射工場をここに誘致することに成功した。この企業家は、シカゴでも有名な公営住宅ロバート・テイラー・ホームで育ち、自分が初めて仕事に就いた時に、郊外へ通勤しなければならなかった経験から、インナーシティに工場を建設することに非常に積極的で、地域の雇用に貢献することを望んでいた。

　この時期に、カパロは、「今は、我々はカタリスト（触媒）的な時期に入ろうとしていると感じる」と語っている。この意味について彼自身の言葉によって解説すると、「現在GSDCは、23人のスタッフを抱えて10プロジェクト程度を動かしているが、これ以上のプロジェクトを自ら実施する必要はないと考えている。近隣地域における仕事は、他の組織も興味を持って入ってくることができる環境が必要である。このような意味でGSDCは、この地域のマスター・ディベロッパー（master developer）としての地位を獲得したと考えている。」

　「単独で地域のディベロッパーになるよりも、他の組織と共同し、協力したほうが短期間で様々な成果を上げることが可能になる。」

　「我々の役割は、マスター・ディベロッパーとしての位置付けと構成要素を見つけること、政府やフィランソロピスト、プライベートセクターからのさらなる投資をもたらすことである。」

　この頃、GSDCは30周年記念を迎え、設立当初から考えると、5億ドルの投資を地域にもたらしていた。近隣地域において、単独で事業を実施しているだけでなく、他の地域組織や、民間企業、フィランソロピスト、地方政府など他の主体と連携することによって、より、地域に利益をもたらすことが可能であるということが理解されたのである。そして、その位置づけについて、カパロは、マスター・ディベロッパーと呼称した。まさに、このマスター・ディベロッパーとしての位置づけが、CCIs（包括的コミュニティ開発）においても生かされた。

　CCIsの中では、リード・エージェンシーとして位置づけられた組織は、

外部からの投資の受け皿となって、他の組織と連携しながら、教育、住宅、都市整備、商業開発、経済開発、医療・健康といった包括的な分野の計画を住民や他の組織とともに立案し、実行していく、まさに、カパロが志向したマスター・ディベロッパーとしての役割を果たすことになったのである。

　1つの非営利組織が、このような高度な近隣地域マネジメントを行うことが可能になった背景には、先に述べた法整備と近隣地域に投資が向かうためのシステムの確立があったことは間違いない。環境が整ったことによって、コミュニティ開発法人は、近隣地域の状況に適合した住宅の整備や住民のニーズに合ったサービスを実施することが可能になった。これと同時に、他の組織との連携が重要である。GSDCは、設立当初から現在まで、主に住宅整備、商業開発、賃貸住宅管理、テナントサービス、土地、建物整備及び企業誘致など、地域の空き地、空き家などの活用に関する業務が中心である。GSDCは、これまで、同じ近隣地域内において活動する別のコミュニティ・オーガニゼーションとの連携を重視してきている。これについて、カパロは次のように述べている。

　　コミュニティ・オーガニゼーションは、コミュニティ・ディベロップメントに対して、批判的である。しかしながら、もし、1970年代に住宅ローンの貸付情報を開示させ、人種差別的な貸付拒否などが行われていないかどうかを知るための情報を得ることができる住宅ローン情報開示法（Home Mortgage Disclosure Act）や銀行が貧困地域に対して投資することによってこれを格付けに反映させる仕組みを持ったコミュニティ再投資法（Community Reinvestment Act）を制定させたレッドライニングに反対する運動のキャンペーンがなかったら、果たしてリスクやエンタープライズのような強力なインターミディアリーの存在はありえたであろうか？　コミュニティ・ディベロップメントは、多くの場合、組織化の成果をもって、具体的な開発へと結びついていくのである。

　　これまでには、組織化と開発の間には常に守られた遮蔽が存在したが、私自身は常に最初にオーガナイザーであり、次にディベロッパーであると認識してきた。1972～75年の間、私は、National Training and Information Center（以降NTICと表記）において、ゲイル・チンコッタ（Gail Cincotta）とともに働いた。

そして、住宅ローン情報開示法（Home Mortgage Disclosure Act）に関する道筋をつけ、Community Reinvestment Act を成立させるきっかけづくりに貢献した。

1976年に私が、GSDC のエグゼクティブ・ディレクターの地位につくと、コミュニティ・オーガニゼーションの側は、私が反対側の勢力についたのだと理解した。

NTIC 側からすると、コミュニティ・ディベロップメントは、純粋でない（impure）とすら信じられた。これに対して、National Center of Urban Ethnic Affairs のジノ・バローニ（Msgr Gino Baroni）についていった人々は、コミュニティ・ディベロップメントを行わないことは、未成熟であるとすら考えた。長年、この2つの強い立場は保たれ、熟していったが、実際には両者は、どちらも社会的に重要な役割があるのである。両者とも正しいし間違っていることもないのである。しかし、GSDC と SWOP は、両者の理念を理解しようと長年努力を続けた。我々はお互いに協働するためにとても注意深く行動した。（Capraro, 2004より抜粋）

このような長年の努力の後、マッカーサー財団の出資と LISC の支援によって始まったニュー・コミュニティ・プロジェクトにおいては、両者は協働してリード・エージェンシーの役割を担うことになった。SWOP は、住民との関係構築に長けた組織であり、実際に多くの住民をすでに組織化していた。また、2つの組織は、それぞれの得意な分野を担いつつ、LISC の助成金を取り合うこともなくうまく配分できた。この意味で、2つの組織の連携にはメリットがあった。この他にも、地域の主要な活動組織である病院、住宅ローン問題や住宅取得教育などを実施する NHS（Neighborhood Housing Support）、イスラム系ネットワーク（City Muslim Action Network）とも連携した。

組織間の連携の1つの成果として、多様な事業展開が可能になり、包括的な開発が行われるようになったことのほか、事業関係者のほか、より多数の住民の参加が可能になったといえる。コミュニティ・ディベロップメントだけでは、直接事業にかかわる住民は、テナント、民間企業、事業者、土地所有者などに限られているが、SWOP のような草の根の組織と連携することに

よって、より多数の住民を事業に巻き込んでいくことができる。そのことは、住民が、自ら住まう地域の開発について、計画段階から参加し、意見を述べ、意思決定に参加するという可能性を大きく拡大するのである。そして、生活の中から出てきた住民の意見をくみ上げて事業化することは、事業の包括性につながっているのである。

　近年 GSDC は、新たな住宅建設を控えざるを得ない状況に至っている。近隣地域は、2006 年以降の景気の低迷により、大量の差し押さえによって空き家になった住宅を抱えている。GSDC は当初、差し押さえ住宅を修繕し、新たな住み手をみつけるという事業にも着手したが、コストがかかりすぎ、数件であきらめざるを得なかった。今は、スーパーマーケットの跡地を売って、別の事業者を誘致する計画を立てている。景気が低迷する中、コミュニティ開発は、他の民間の事業と同様に、低空飛行を余儀なくされている。

②バイカーダイク・リディベロップメント・コーポレーション（Bikerdike Redevelopment Corporation）

　バイカーダイクは、シカゴ市の北西部低中所得者層の多く住む地域を中心に活動するコミュニティ開発法人である。1967 年、地域の荒廃によって、放置された家屋で放火による火災が起こり、これを懸念した住民がこの組織を設立した。シカゴ市は近年人口が増加しているが、これはヒスパニック系住民の流入によるものである。これによって、北西部地域では住居費が高騰し、アフォーダブルハウジングの供給が重要な課題となっている。バイカーダイクは、この地域で多くのアフォーダブルハウジングを供給し、ジェントリフィケーションによる追い出しを防ぐことを大きな目標として活動してきた。コミュニティ・ディベロップメントなどの開発が盛んになり、地域の環境が改善された結果、地価や家賃が上昇して、かえって貧困な人々がその地域に住めなくなるという現象が生じた。これをジェントリフィケーションと呼ぶ。

　設立の翌年、1968 年には、まず戸建て住宅の建設を手掛けた。最初の 10 年間には、2 万 5,000 ドル以下で購入できる戸建て住宅を 90 戸供給した。持家住宅の供給は、人々の定住と組織を資金的に安定させることに大きく貢献

した。1974 年になると、バイカーダイクは、市の事業によって住宅の補修を行うことになった。1970 年代は、この地域にとって不穏な時代であった。多くの不審火が起こり、1977 年には暴動が発生した。

　1980 年代になると 140 戸のタウンハウスが供給された。この建設計画が決まると、「自分たちの家の近所に低所得者住宅はいらない（このような運動は Not In My Back Yard の頭文字をとって "NIMBY" と呼ばれる）」とする反対者が現れ、「別の地域から貧しい人々が流入してくる」「入居できるのは黒人世帯ばかり」といったデマが流された。しかし、一旦住宅が建設され、入居者が募集されると、ほとんどは地域内の人々で、白人、黒人、ヒスパニックなど様々な人種による行列ができた。入居は先着順だが、推薦状やこれまで家賃をきちんと払ってきたかどうかなどが審査された。低所得者のための良質な住宅の供給は地域の人々の強い願いであり、このニーズに対応した活動を続けていることから住民参加が促進されていった。

　そして、1980 年代後半には、170 戸の家賃補助付きのタウンハウスが供給された。これと同時に、それまで白人男性に独占されていた建設労働市場において、地域の人々を雇用する建設会社（Humboldt Construction Co.）を設立し、地域の雇用に大きく貢献した。そして、今では約 100 人の大工を育て上げている。1990 年代には、タックスクレジットを利用した賃貸住宅供給が増加した。タックスクレジットのシステムは、CDBG と比べて使うのにテクニックが必要だった。この制度では、出資する企業が当初 15 年間建物の所有者となるため賃貸住宅か、あるいは、コーポラティブ住宅が中心となっていった。しかし、その頃には、バイカーダイクのオーガナイザーたちは力をつけ、複雑な制度や行政や企業とのやり取りに慣れてきていた。そして、1990 年には 500 戸を超える住宅を供給した。

　しかし、景気が良くなった 1990 年代の問題はまさにジェントリフィケーションであった。地域のヒスパニック系の人口は減少し、住宅の価格は高騰した。そこで、バイカーダイクは、より低所得者のための住宅供給とコーポラティブ・ハウジングに力を入れた。

　バイカーダイクは、経済開発として、店舗の誘致、建設労働者の雇用などの面で住宅供給以外の事業にも貢献してきたが、2003 年になると、LISC が

進めるニュー・コミュニティ・プロジェクト（以下 NCP）により、地域の包括的開発の中心となって、計画を立案し、他の非営利組織との共同で多様な事業を地域で展開することになった。

　バイカーダイクは、現在では賃貸住宅だけで 223 か所、1063 戸を抱える事業体に成長している。今後は、シカゴ市が独自に持つ家賃補助制度を使って、低所得者向け住宅を供給していく計画がある。このような住宅供給主体としての揺るがぬ実績と経済基盤と、地域に根差した活動によって、NCP のリード・エージェンシーとして、包括的コミュニティ開発に加わることになったのである。

　2 つの組織がそれぞれに、組織の基盤作りから住宅政策の転換期を通り、包括的な開発へと移行する過程を検証した。民間非営利組織による間接供給へと住宅政策がシフトしたことで、地域にコミュニティ開発法人が設立され、両者とも 1970 年代には持家供給や企業誘致などを実施し、組織基盤を固め、さらに地域のニーズに合わせて賃貸住宅供給を実施していった。供給した賃貸住宅を介して、大家と地域住民としてゆるぎない地域基盤を形成していったのである。

　コミュニティ開発法人による開発方式は外部からの介入であるが、地域に拠点を構え、近隣地域に密着した事業を展開していくという特性がある。住宅の補修や、コーポラティブ方式など住民と一体的に実施する事業は、近隣地域開発組織と住民との関係を強化していった。組織は、住民とのかかわりの中で、より住民のニーズを把握し、地域が必要としている事業を展開できるように成長していった。そして、住民が選出したメンバーで形成されるボード組織を設置して、住民が間接的に意見を反映できるような仕組みを作り出していったのである。これによって、コミュニティ開発法人は、住民の利益を考えて活動する主体として地域で成長することになった。このような地域基盤の強さと住宅供給という手堅い事業による経営基盤は、コミュニティ開発法人がもっと幅広な事業である CCIs の事業展開においてインターミディアリーから信頼を得る要因であると考えることができる。

　CDBG や、タックスクレジットなどの政府による支援システムは、供給す

る住宅の種類などに微妙に影響を与えた。しかし、最も大きく影響を与えたのは、LISCやエンタープライズといったインターミディアリーの成立だった。こうして、1980年代後半までには、コミュニティ開発の仕組みが整っていった（Vidal, 1990）。インターミディアリーの存在は、コミュニティ開発だけにみられる特殊な仕組みであるが、資金、技術面でなくてはならない仕組みの1つとして組み込まれていった。

　成功したコミュニティ開発法人は、地域の低所得者向けの住宅供給主体として、商業開発や、雇用促進といった経済開発分野でも活躍するようになった。地域の利益のために活動していくためには、同じ地域で活動する他の組織との関係づくりや共同が重要であった。他の組織との共同は、より多くの住民の参加を可能にすることにつながった。そして、自ら事業を展開するだけでなく、地域のマスター・ディベロッパーとして行動するようにもなったのである。

2章
地域間格差の広がりと
コミュニティ・アプローチ

2.1 貧困とコミュニティ間格差の広がり

　1960年代には、公民権運動をはじめとする急進的で、リベラルな運動が全米に広まり、近隣地域活動の盛り上がりは消滅することはなかったが影をひそめた。そして、この1960年代のリベラリズムの進行は、その反動として人々を保守へと揺り戻した。

　1965年モイニハン (Moynihan) は、モイニハンレポートを発表して、主にアフリカ系アメリカ人の貧困と婚外子の増加、ADFC[5] (Aid to Families with Dependent Children) の受給は、家族構造の崩壊によるものであることを示し、アファーマティブ・アクション[6]のような特別な措置が必要なのであると説いた。しかし、このレポートの内容は「被害者を責めている」という批判を生んだ。

　保守派は、文化人類学者であるオスカー・ルイス (Oscar Lewis) がメキシコの貧困な家族を研究した結果 (Lewis, 1959) を応用した「貧困の文化論」(The Culture of Poor) を用いて、貧困の問題は貧しい人々の個人的な特徴や文化であるとして、貧困に対する社会的な責任を回避するような考え方を強調した。このような保守派の論理は、貧困な世帯に対する支援を批判し、政府の支出を低減化しようという考え方がより強調されるようになっていった。

　1970年代になると、オイルショックによる深刻な経済的打撃の影響や、産業構造の転換によってより失業者が増えると同時に、近隣地域の格差が広がっていった。人種差別は、1つの要因であったが、公民権運動によって勝利を勝ち取ったにもかかわらず、貧しい人々は増加し、アフリカ系アメリカ

---

[5] ファミリーサポート給付。
[6] マイノリティグループなどに対して進学、就業などの際に優遇枠を設ける措置。

人の間でも格差が生まれていった。そして、1980年代、インナーシティにおける社会病理はますます深刻になっていった。

ウィルソン（Wilson）による The Truly Disadvantaged（Wilson, 1987）は、1970年代におけるアメリカ社会の近隣地域における構造的特性を明らかにした。ウィルソンは、貧困の地理的な隔離、人種の偏り、ひとり親世帯の増加とその要因などについてシカゴを中心としたデータを使って明らかにした。

1985年に住宅都市開発省（HUD）の要求によって、リンを座長として立ち上げられた、インナーシティにおける貧困の状況について調査するための機関である合衆国都市政策委員会（Committee on National Urban Policy）は、1980年には、240万人の貧困な人々がゲットーに居住し、この数は合衆国における貧しい人々のうちの8.9％に過ぎなかったが、ゲットーの住人は、アフリカ系アメリカ人とヒスパニックで占められていることを明らかにした（Lynnら 1990）。委員会は、ゲットーを「インナーシティの近隣地域で、地域住民の40％以上が貧困である地域」と定義した。この委員会の意図するところは、ゲットーのような貧しい人が集中して居住する近隣地域に暮らす人々は、他の地域に暮らす貧しい人と比べて不利な条件にあるのかどうかを調査することであった。この委員会における研究の1つで、最も注目を集めたのは、ジェンクス（Jencks）らによる貧困な近隣地域が子どもたちに与える影響に関する研究であった。この研究は、貧困な近隣地域が子どもたちに与える影響についてこれまでの研究を再検討し、犯罪、高校卒業、大学進学、10代の妊娠といった人生の重要な要素に対して近隣地域が及ぼす影響について明らかにし、衝撃を与えた。

しかし、これまでの政府の政策自体が、貧しい人々を集合させるような方向性を持っていたことも否めない。まず、郊外開発は、都心部から人々を移住させ、新規の開発が進んだ中西部や北東部では、より大都市のインナーシティ問題は深刻化した（Lynnら 1990）。さらに、公営住宅建設は、貧困な世帯を一か所に集中し（Lynnら 1990）、連邦のスラムとすら呼ばれた。そのうえ、1968年に制定された住宅公正法は、労働者階級や中産階級のマイノリティグループを地域から移住させた（Lynnら 1990）。こうして、貧しい地域は凝縮されていき、これと同時に問題はより顕著に現れるようになっていっ

た。

2.2 1970年代における地域間格差の構造——ウィルソンの研究——

ウィルソン（Wilson）による The Truly Disadvantaged（Wilson, 1987）は、現代アメリカ社会の近隣地域における構造的特性を明らかにした最初の研究であり、貧困な近隣地域の置かれた状況について次のようないくつかの重要な指摘をした。

ウィルソンが研究の対象としたシカゴは、全米の中でも最も人種の隔離が顕著な都市であった。歴史的にみると19世紀末から20世紀初頭にかけての食肉産業の産業構造の影響を受けて拡大した。当時、シカゴのダウンタウンの南側に立地した食肉産業工場では、東欧からの移民が多く働いていたが、20世紀にはいると、待遇の改善などを求めてストライキが起こるようになった。そこで経営者はスト破りとして南部からアフリカ系アメリカ人を鉄道で運び込み代わりに労働者とした。おりしも、1910年代は、害虫の被害により南部の農業が大きな被害を受けていたため南部の労働者は職を探していた。彼らは、組合やストライキの意味さえわからないまま職に就くようになった。そして工場の近隣に彼らの住む町、ゲットーが形成されていったのである（竹中 1995）。工場労働者は、ほとんどが移民か南部から運ばれてきたアフリカ系アメリカ人であり、彼らは文化を共有する者同士で次第に同じ地域に居住するようになり食肉工場のある地域を中心に移民たちの町が形成されていった。

そして、竹中の指摘によるとその頃シカゴで勢いのあった不動産業者の何社かが人種間の感情や心理を利用して、よりよい環境を求める白人たちに郊外居住を勧めた（竹中 1995）。そのうえ、当時郊外開発が進んだことや、マイノリティグループの中の中産階級がより環境のよい地域を求めて移動することを望んでいたため、白人地域に不動産を紹介するいくつかの業者が現れた（竹中 1995）。業者は、白人にはマイノリティグループの地域への流入を理由に住宅を安く買いたたいて、郊外に新しく開発された地域を高く販売した（竹中 1995）。そして、これを経済的に余裕のあるマイノリティグループ

に対して、高く転売したのである（竹中 1995）。こうして、シカゴでは、人種による住み分けと入れ替わりが促進されていった。中心部には、失業者、低所得者が取り残され犯罪多発地域が形成されていった。そして、さらに、少しでも余裕のある世帯は危険な地域からの脱出を図った。

このようなインナーシティにおいて HUD が推進したクリアランスと公営住宅供給はシカゴでも悪名高かった。ゲットー地域のクリアランスの後に建設された公営住宅地域は犯罪地域として誰もが足を踏み入れたくないとさえ思うほどにその状況は悪化していった。移民の流入によって形成されたテネメント地域の状況も深刻であったが、シカゴでは、その後に起こった住み分けと人口移動によって一層セグリゲーションが進んでいったのである。したがって、ウィルソンが研究対象としてシカゴを選んだことは疑問の余地がない。

ウィルソンの研究によって、シカゴのゲットーは、貧困率の高さと失業率の高さ、それに伴う疾病、犯罪率の高さ、婚外出生、女性を筆頭とする家庭、ADFC の受給者の数は際立っており、その特性は、地理的に一定の地域の中に特徴的にみられることが明らかになった。そして、この状況は、1960 年代にも存在したが、1970 年代に一層明らかになり、1980 年代になるとそのような地域の特徴はより鮮明になっていった（Wilson, 1987）。

ウィルソンの指摘は次の通りであった。

まず、第 1 に、家族構造の崩壊については、ウィルソンはモイニハンの指摘と同様の結果を示した。モイニハンの時代には、女性を筆頭とする世帯の割合は、25％程度であったが、1970 年には 40％になり、1980 年代には 70％にまでなった（Wilson, 1987）。

第 2 に、1970 年代以降の貧困の新たな要因の 1 つは、人種差別、人口増加、産業構造の変化の複合的な要因によるものであるとした（Wilson, 1987）。

産業構造の変化によって、これまで都市に立地していた工場などでの労働に代わって、サービス業が主流になってきたにもかかわらず、多くの人々がこれに適応していなかったのであった。ウィルソンは、工場などの労働に代わって現れたサービス業に適応できなかった若年非熟練男性に大量の失業者が出ていることを指摘した（Wilson, 1987）。そして、これによって、経済的

2章 地域間格差の広がりとコミュニティ・アプローチ　63

に所帯を持つことが可能なアフリカ系アメリカ人の男性が減少していることが，未婚の母を増やし，同時に ADFC の対象者を増やしていると考えた（Wilson, 1987）。

第3に，犯罪は若年貧困層が多い限られた地域において多発するようになった（Wilson, 1987）。非熟練若年労働者が就業できる場がなくなり，これによって，大きな閉塞感と貧困が若者にのしかかっていることが彼らを反社会的な行為へと向かわせた。

犯罪の状況についてウィルソンは次のように述べている。

　シカゴにおいて，1970年代には黒人が被害者となった殺人事件の98％は黒人によって起こされたものであった。ヒスパニック系の殺人事件は75％がヒスパニックによるもの，白人の殺人事件の51.5％が白人によって起こされたものであった。1980年代には，黒人による黒人の殺人事件は98％，ヒスパニックによるヒスパニックの殺人事件は81％，白人による白人の殺人事件は52％だった。これらの事件に関して重要な点は，これらの殺人事件は，地域の経済的なステイタスに大きく影響を受けているということである。シカゴの半数以上の犯罪が，24区内（当時の警察の区分）で発生し，これらの地域は，貧しい黒人とヒスパニック系の地域であった。シカゴで，最も犯罪件数が高いのは，南部地区にあるウェントワース・アベニュー（Wentworth Ave.）区域である。この地区は，シカゴ市全体の人口の3.4％が居住し，広さでは，4マイル（6.4キロメートル）四方であるが，1983年の殺人事件の11％に当たる81件，暴力事件の13％に当たる1,691件がこの狭い地域で発生した。もっと細かく見るとこの地域には，ロバートテイラーホームス（Robert Taylor Homes）という公営住宅があり，これは，シカゴで最大級の公営住宅プロジェクトである。28棟の16階建の建物によって構成され，92エーカー（0.37平方キロメートル）である。この団地には，1980年に公式には約20,000人が暮らしているといわれていたが，このうち5,000〜7,000人が正式には入居していない人々であるといわれていた。所得の中央値は，5,470ドル，93％の子どものいる世帯は，ひとり親世帯であった。83％が児童手当（Aid to Family with children）を受けていた。失業率は47％に上る。市の殺人事件の11％，レイプ事件の9％，暴力事件の10％がここで起こった。カブリニ・

グリーン（Cabrini-Green, 他の公営住宅地区）も同様の状況を示した。

　第4に、1970～80年の間に貧困人口は、より大都市に、そしてより貧困地域へと集中してきた（Wilson, 1987）。

　このことについて、ウィルソンは、近隣地域の変化についてシカゴ市をモデルに詳細なデータを使って次のように指摘している。1970年には、貧困率40％を超えていた近隣地域は1か所のみであったが、1980年には、9地域が貧困率40％以上（extreme poverty）の地域となった。この地域からは、1970～80年の間に、15万1,000人のアフリカ系アメリカ人がインナーシティから転出し、貧困の状況はさらに際立って強調されるようになった（Wilson, 1987）。ウィルソンは、1970年から80年の間に、貧困が進んだ主な要因は失業であるとしている。

　インナーシティに暮らしていた中産階級の家庭は、多発する犯罪からの回避や、家族が生活するにふさわしい環境を求めて貧困な近隣地域から転出していった。このために、貧困な地域にはより貧困な世帯が集中して暮らすようになった。近隣地域の中に、様々な人々が混在している状況は、犯罪などの歯止めとなっていたのであるが、住み分けが進んでしまったことによって、この機能が衰えた。貧困な世帯は、異なる階層の人々との交流の機会を失い、社会的排除の状態に陥ったのである（Wilson, 1987）。特に、このような現象が特に進んだのは、合衆国の東部から中西部にかけての地域だった（Lynnら 1990）。

　このようにして、大都市における地域間の格差は進んでいった。貧困な人々が限られた地域に集まり始めたのは、ジェントリフィケーションが1つの要因であるともいわれている（Berry, 1985）。開発が進み、高くなった地代や家賃が払えなくなった人々は、家賃の安い地域に移動せざるを得なかった。

　こうして貧困な人々は都市の内部において地理的に孤立していったが、それだけでなく社会的にも孤立することになった。そして、教育、政治、経済の主流から遠ざかり、自らの自立のための道や手段を見失ってしまったのである。このような状況下でも、アメリカの社会福祉思想は自立、自己決定という基本原則が基盤となっており、1980年代にはより強く自立を求め、政

府に頼らないという方向性が強まっていった。

　図 2-1、2 は、ウィルソンが、シカゴ市内の貧困と失業の状況をみるために使ったものである。これをみると、1970 年に貧困率が高かった地域では、1980 年によりその割合が高くなり、その周辺にも貧困率の高い地域が拡大していった様子が顕著である。この地域と地理的にほぼ一致して失業率も上昇していった。

2.3 1980 年代における貧困と格差

　1980 年代には、近隣地域間の格差はもっと深刻化した。全米では南部地域の貧困世帯が減少し、中西部などの地域での貧困率が上昇した（Lynn ら 1990）。この頃、最も衝撃を与えたのは、ジェンクス（Jencks）とメイヤー（Mayer）によるゲットーのような貧しい近隣地域で暮らす子どもたちが貧困によって受ける影響を分析した論文だった。彼らの行った研究の結果、貧しい近隣地域に住んでいることは、幼稚園と小学校における子どもたちの精神発達、性行動、家庭を持つこと、あるいは、子どもを持つこと、就業行動、高校生の就学などに影響を与えていることが明らかにされた（Jencks ら 1989）。

　しかし、マイノリティグループに所属し、公的扶助を受給する母親を世帯主とした家庭に育つ子どもたちは、どこに住んでいようと、典型的に就学、結婚、就職のいずれにおいても十分な成果を上げられないという結果がもっと深刻だったのである（Lynn ら 1990）。社会的、経済的地位が低い家庭の子どもたちは、暴力、十代の母親、退学、犯罪などの率がより高いという結果が明らかにされたが、ゲットーでは、社会的、経済的地位の低い家庭がより多く存在し、これらの多くは母子世帯でもあった。このような家庭の子どもたちは、学校で成功することが、将来の生活の安定にとって最も重要であった（Jencks ら 1989）。しかし、このような家庭の子どもたちほど、学校に継続して通学できない事情が生じるのである。

　裕福になったアフリカ系アメリカ人が郊外に転出していく状況は、アメリカ北東部と中西部の都市で多くみられた（Lynn ら 1990）。これによって、貧

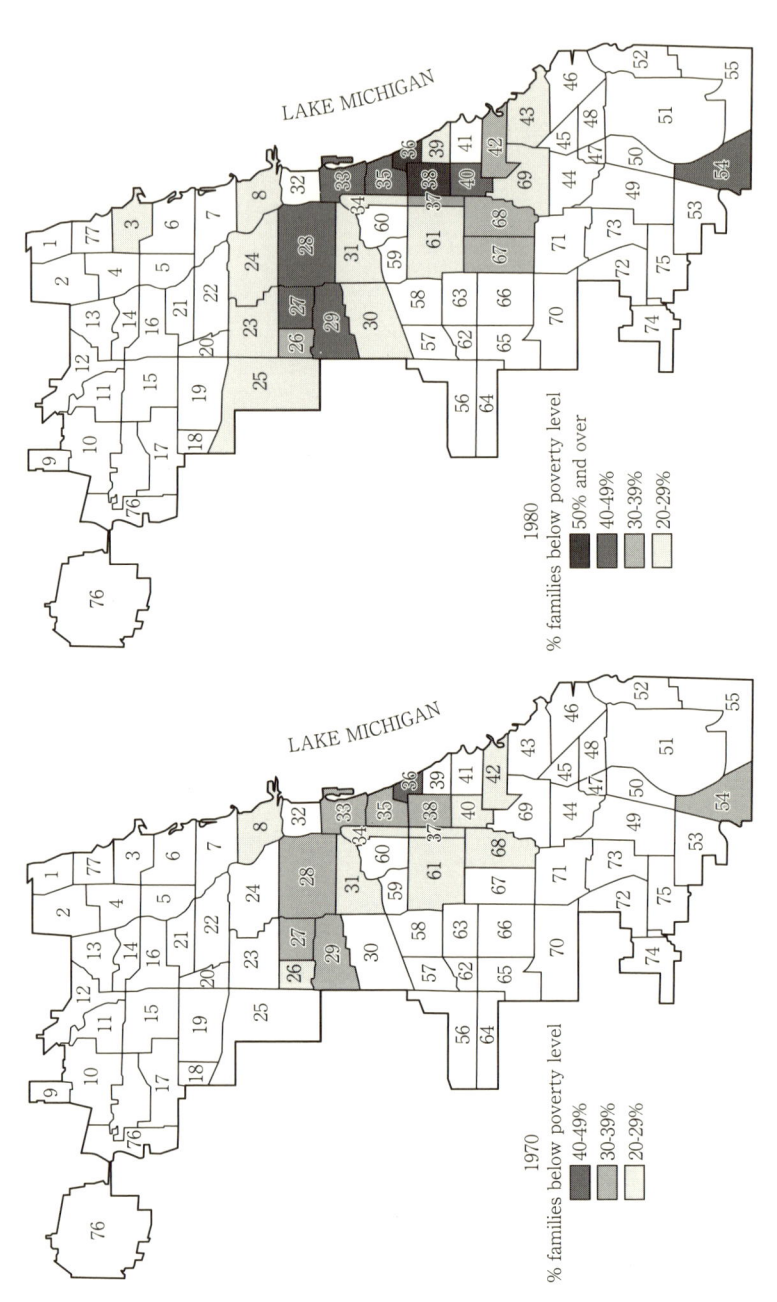

図2-1 1970年代と1980年代のシカゴ市近隣地域における貧困率の比較
出典：Wilson, 1997

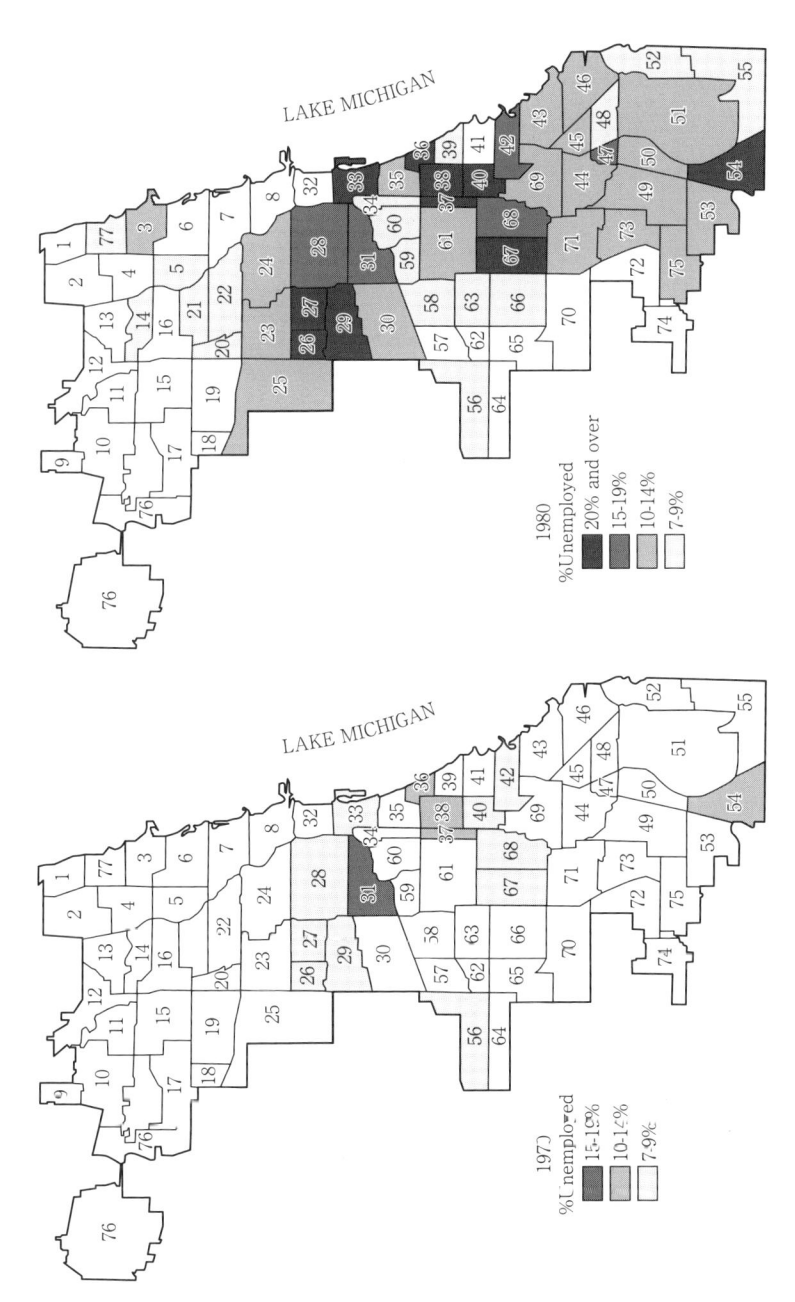

図 2-2 1970年代と1980年代のシカゴ市近隣地域における失業率の比較
出典 Wilson, 1997

しい近隣地域は、一段と貧しい人々だけが残された。

　中産階級がいなくなったコミュニティでは、ウィルソンが指摘したように、貧困な人々やそこで育つ子どもたちが、アメリカの主流を担う人々や一般の社会と接する機会をなくし、孤立していった。子どもたちは、たとえ自分の家庭に就労者がいなくても近隣に就労している人がいれば、その姿をみて働く人の生活を知ることができる。しかし、このような人々が周りにいないことは、彼らから学ぶ機会を奪った。そして、このことは貧しい世帯やそのような家庭に育つ子どもたちを一層不利な状況に追い込む結果となった。

2.4 近隣地域間格差とコミュニティ・アプローチ

　1980年代において、米国に暮らす貧困な人々のうち、約2.0％は白人、約21.1％アフリカ系アメリカ人、15.9％は移民として南アメリカから移動してきたヒスパニック系アメリカ人で構成されるようになった（Lynnら1990）。マイノリティグループは文化や言語を共有する人々で集まって暮らしたため、地域特有の問題を作り出すことにもなった。たとえば、ヒスパニック系移民は、まず言葉を習得する必要があった。子どもたちは、学校で英語を学ぶための手助けが必要だった。このような地域特有の問題が凝縮してくると、その地域に必要なサービスや住民のニーズは、個別化し、特化していった。

　近隣地域格差の広がりは、公的な制度や施策が、様々な問題を複雑に抱える地域の実態に対して効率的に効果を示すことが難しいまでになった。貧しい近隣地域は、ヒスパニック系移民地域やアフリカ系アメリカ人の人々が独自に必要なサービスを作り出す必要性に迫られた。

　もはや、代表制民主主義によって導入される政策は、貧困地域に合致したものではなくなり、カテゴリカル・アプローチは、地域全体の停滞に対して効果を持たなくなったのである（Chaskinら1997）。近隣地域格差は、社会サービスや開発のあり方について、個別の対応が必要な状況を作り出したのである。このようにして、近隣地域をターゲットとしたコミュニティ・アプローチは、アメリカ社会にとって必要不可欠な仕組みの1つとして定着していった。

このような貧困地域の抱える問題に対して、コミュニティをターゲットとして、必要なサービスを展開し、地域固有の問題の解決策の1つがCCIsなのである。そして、近隣地域をターゲットとすることで、地域住民のニーズが何かを的確に捉えることや、住民の参加や意思決定が不可欠となったのである。こうして、80年代にはコミュニティ開発が急速に広がっていった。住民の参加は不可欠であったが、地域に暮らす住民にはそのような力が育っていないことが問題であった。

3章
社会福祉改革と
コミュニティ・アプローチの理念

　アメリカにおけるコミュニティ・アプローチは、貧困世帯への住宅供給の面で大きく発展し、特にニクソン政権、レーガン政権における住宅政策によって、より地域化が進んだ。そして、1980年代には、社会福祉改革が議論されるようになり、コミュニティ・アプローチの理念自体にも転換が迫られることになった。貧困な世帯をめぐる社会福祉改革に関する議論と理念は、コミュニティ・アプローチにも少なからず影響を与えることになった。さらに、クリントン政権によって導入されたエンパワメント・ゾーン／エンタプライズ・コミュニティゾーンは、地域で活動する非営利組織に対して、地域のまとめ役としての役割を課した。

　本章では、まず、第2次世界大戦後、住宅政策の展開とともに、コミュニティ開発法人が生まれ、育っていった経過を明らかにすると同時に、社会福祉改革期以降新たな開発の理念を確立していくことになった経緯について論じる。

3.1 社会福祉改革をめぐる背景と理念

(1) 社会福祉改革の理念

　1980年代前半に、レーガン政権によって小さな政府政策が展開されると社会福祉給付の制限や抑制が行われた。そしてこの時代は、復古的なムードが高まって、家族や古くからの伝統が重視されるようになった。これと同時に、リベラル派は、新しい政治理念として、コミュニティの重視を大きく打ち出すようになった。

　アメリカにおいて、社会福祉制度が始まって以来、社会福祉をめぐる最も

大きな議論は、制度自体が社会福祉に依存し自立しようとしない世帯を増やしているのではないかということであった。社会福祉制度に頼って生活することになった多くの世帯は、結婚をしていない母と子によって構成される世帯である。特に、このような世帯の大半は、アフリカ系アメリカ人に多いのであった。

1988年には、アメリカの社会福祉をめぐって、ウィルソン（Wilson）、エルウッド（Ellwood）、ミード（Meed）の3人の学者が公聴会において意見を述べた。ミードは、貧困の原因は働かないことや働く時間が短いことであるとし、福祉制度を利用する際には、労働を課すべきであると主張し、ワークフェアについては、「義務教育と同じように理解すべきであり、アメリカの生活に人々を参加させるための準備期間」「教育の1つの形態である」とした（岡田 2006）。福祉改革そのものの考え方は、中道的なエルウッドの思想を中心に、保守派のミードの主張によるワークフェアの考え方とリベラルなウィルソンの考え方が左右両側から圧力をかけたが、保守的な傾向が強まり、就労促進は社会福祉改革の大きな柱となった（岡田 2006）。リベラル派、保守派ともに、貧困からの脱出、及び福祉依存からの脱却への最善の方法は就労であるとの考えが深く浸透し、エルウッドが主張する「福祉を受給するよりも就労したほうが生活水準は向上する」という思想を基盤にして、自己責任と就労促進のコンセンサスが形成されるようにアメリカ社会が収斂していった（岡田 2006）。この考えは、コミュニティ・アプローチにも少なからず影響を与えることになる。

一方、ウィルソンとエルウッドは、コミュニティを基盤とする政策に対して積極的であった。

前章で述べたように、ウィルソンの考えは、貧困は文化の問題ではなく産業構造に起因し、近隣地域間の格差が大きく広がっているとし、問題解決のために雇用保障を重視した。また、ウィルソンは伝統的なリベラル派であったが「貧困世帯への援助策で問題となるのは、税金を支払う人がその恩恵を受けられないことである」（Wilson, 1987）と述べ、エルウッドは、ウィルソンが行った貧困な地域に関する考え方に概ね賛同したうえで、むしろ対策と理念を強調した。その理念とは、自律、労働、家族、コミュニティの4つの

基本的な柱からなるものであった。1988年になると、ハーバード大学の政治学者マイケル・J・サンデル（Michael J. Sandel）は、「民主党支持者とコミュニティ——アメリカのリベラリズムが掲げるべき公的思想——」と題する論文を書き、その中で次のように述べた。外交、政治、経済等がアメリカ人の手の届かないところで決定され、自分たちがそれに翻弄されているという不満を強く持っており、権限を連邦政府からより小さなグループ——家族、教会、地域——に移すべきであるというレーガン大統領の政治的レトリックは、そうしたアメリカ国民の心情に呼応するものであることを指摘し、進歩を目指す民主党もまた、「個人と国家との間に介在する豊かな民間の資源を取り込むコミュニティのビジョンを必要としている」と訴えた（藤田1993）。これを機会にコミュニティを重視する議論が繰り広げられるようになった。ヨーロッパからの移民としてやってきたアメリカ人にとって、コミュニティの形成こそがアメリカの建国の歴史であり、コミュニティメンバーの自発的な協力活動が先にあり、その隙間を埋めるのが政府であった（能登道1993）。

以下に示すのは、エルウッドが提唱した貧困対策に関する理念であるが、これは、多くのアメリカ人の共感を得て、90年代以降の福祉改革の根幹をなす理念ともなったのである（以下 Ellwood, 1988 より抜粋）。

①個人の自律（Autonomy of the Individual）

　アメリカ人はそもそも、自分自身が、自らの運命をコントロールすることが非常に重要であると信じている。そのためには、自ら最小限の犠牲を払うだろう。貧困から金持ちへというアメリカンドリームは、我々の文化の中に広く浸透している。たくましい人は、もし彼らの行動が多少逸脱しかかっていたり、犯罪的であったりしても信頼を得る。

②労働の美徳（Virtue of work）

　労働するという倫理は、我々の考えの中で基本的なものであり、我々は他者に対してもそれを求めている。人々は、家族を養うためだけでなく、怠惰であったり仕事にあぶれていることは、モラルが低いといわれる傾向があるために一生懸命働くのである。

③家族第一主義（Primacy of the family）

　核家族は、今でもまだ最も基本的な社会的、経済的単位であり、当然ながら、子どもを育てるという責任を持っている。家族は、子どもたちに社会性を持たせ、かつ、安全を確保し、教育を施し、訓練や方向性を与えると同時に、年齢が低いうちは彼らのウェルビーイングのための素材を与えるということが期待されている。また、夫婦は、お互いを支えあうという役割をも期待されている。

④コミュニティ意識と欲求（Desire for and Seuse of Community）

　個人の自律と家族第一主義は、しばしば人々を個人主義や孤立に導きがちである。しかし、コミュニティに対する欲求は、宗教から近隣地域に至るまですべてにおいて強い。他人に対する思いやり、同情といったものは、他者への共感という感覚からたゆみなく注がれていることがわかる。

　エルウッドの考えは、多くのアメリカ人が持っている伝統的な価値観を代弁したものであり、コミュニティについては、貧しい人々を孤立させるのでなく、コミュニティの中に統合していくようにすることが重要であるとした。

　エルウッドの考え方を基本として、1980年代後半から90年代には、アメリカの伝統的な家族観や個人の自律、労働の美徳といった理念とともに再びコミュニティへの期待が高まっていった。そして、この理念は社会福祉改革の基本的な理念として貫かれていくのである。さらに、新たな形で、コミュニティ・アプローチを盛りたてていったのである。そこには、労働、自律といった理念が取り入れられると同時に、衰退した近隣地域を活性化するために、包括的な手法を導入するという方向性がみられるようになった。

　1996年、クリントン政権は、福祉改革の目玉として、ファミリーサポート給付（AFDC：Aid for Families with Dependent Children）に代わって、期限付きの給付である TANF（Temporary Assistance for Needy Family）を導入した。ライトらは、この改革がコミュニティ開発法人に与える影響を全国調査し、その結果、就労支援を行う組織が多くみられるようになったとしている（Wright, D. J., Ellen I. G., and Schill, M. H. 2001）。このような、政策の変化への対応として、最もコミュニティに近いところで活動している組織が対応を示

していくことは、当然のことであった。こうして、福祉から就労へという動きは、コミュニティ・アプローチにも深く影響を及ぼしたのであった。

(2) エンパワメント・ゾーン／エンタープライズ・コミュニティ・プログラム

こうしたエルウッドのコミュニティに関する考えを汲んで、1994年、クリントン政権は、コミュニティ・エンパワメント・アジェンダを示し、その中でエンパワメント・ゾーン／エンタープライズ・コミュニティ・プログラムを導入した。この制度の目的は、経済的に衰退している地域においてビジネスチャンスを創造し、地域を活性化することであった。大都市部では、72地域、農村では33地域が指定され、15億ドルの補助金と25億ドルの税制優遇措置が示された。

この制度は、税額控除によって、指定された地域とその周辺の市場環境を整備し、地域を活性化させようというものである。1977年にピーター・ホール（Peter Hall）が示した「インナーシティ内の小さなエリアについて規制を最小限に抑え、あらゆる種類の先進的仕組みを実施できるようにする」という主張に基づくものであった。これによって、民間企業が参加できる市場環境を整え、雇用を創出することが目的とされた。

ここでは、①福祉関連サービス、②施設改善など公共インフラ整備コスト低減のための支援、②雇用支援（エンパワメント・ゾーンから雇用をした場合に法人税を優遇するなど）、③事業者の新規参入に関する支援、④税額控除、⑤非課税措置が実施された。

この事業についての政府の意図は、民間企業、地方自治体、地域密着型の民間非営利組織などが共同して、地域の活性化を行っていくことであった。そして、この事業を実施する団体は、「州政府・地方政府、地域計画機関、非営利団体、コミュニティを基盤として活動する団体その他を含む」とされており、地域に関する事業を運営する組織であること以外に制限はない。実際には、このような事業を円滑に推進するためには、非営利組織が適していると考えられた。フイトは、この制度は、少なからず、CCIsに影響を与えたとしている（Wright, 1998）。

3.2 新しいコミュニティ・アプローチの理念形成

これまでにみてきたように、アメリカにおいてコミュニティ・アプローチは、19世紀の末頃の民間活動から始まり、1950年代以降は合衆国政府の政策の影響を受けて様々な組織が生まれ成長した。歴史学者のフィッシャーは、近代国家におけるコミュニティへの傾倒は1つの保守化の現れであると評価している。1980年代において、保守党政権は、家族、地域、宗教というレトリックを提示し、その後、民主党政権もまた、「福祉から就労へ、家族、コミュニティ」という政治思想を掲げて、どちらも大きな政府から小さな政府への移行を図ると同時に地域やコミュニティを重視する政策を打ち出した。政府による社会福祉改革は、貧しい地域での住宅供給主体としてのコミュニティ開発法人の役割や事業に、多様性をもたらすことになった。

コミュニティ開発法人は、住宅コミュニティ開発法（Housing and Community Development Act, 1974）のSection8による家賃補助制度やコミュニティ開発包括補助（以下CDBG：Community Development Block Grant）などの政府の補助金、税制優遇措置、銀行の貸付制度の整備を得て活動を続ける中で、住宅供給主体として成長を遂げていった。1981年以降レーガン政権の下で、CDBGへの政府資金は著しく削減されたものの、Local Initiatives Support Corporation（LISC）やNeighborhood Investment Corporation（NIC）などの中間支援組織が設立されたことによって事業の資金源を確保して発展してきた。合衆国政府が、公営住宅の新規供給を行わなくなってからは、コミュニティ開発法人は、唯一の貧困地域での住宅供給主体となった。これについて平山は、「政府と市場の間隙に活動領域を見い出し、同時にそこに住宅供給の新しい方法を編み出すことでそれ自身の有効な選択肢としての可能性を高めていった」と述べている（平山1993）。1960年代に始まったコミュニティ開発法人の活動は1980年代後半頃には成熟化し、1990年代になって、さらにその活動範囲を広げた。ビダル（Vidal）は、1990年以前のコミュニティ開発法人の動向を集大成した『リビルディング・コミュニティ』を著して30都市におけるコミュニティ開発法人の全国調査を取りまとめた。ビダルは、コミュ

ニティ開発法人は、非営利かつ地域密着型の組織で、住宅開発、商業開発、新規ビジネスの起業をコミュニティの再生のために事業を実施すると規定した（Vidal, A 1992）。同じ著作の中で、1990年までに、コミュニティ開発法人の活動は、単なる草の根活動から、地域開発のシステムとして確立したとしている（Vidal, A 1992）。ビダルの『リビルディング・コミュニティ』以降、さらに、近隣地域の開発には新たな兆しがみえ始めた。

福祉改革は、ファミリーサポート給付（AFDC：Aid for Families with Dependent Children）に代わって、期限付きの給付であるTANF（Temporary Assistance for Needy Family）を導入し、「福祉から労働へ」の考え方が明らかになった。そして、これまでのコストが高い政府主導のサービスに代わって、コミュニティや地域が自らの持つ課題を解決することが期待された。こうして、コミュニティ・アプローチは、自律やコミュニティ・キャパシティ・ビルディングといったスローガンのもとに、より高度な解決能力を求められるようになっていった。このため、コミュニティ開発法人の事業は多角化の方向性を求められるようになったのである。

当初のコミュニティ・ディベロップメントに使われたCDBGは、政府資金を潤沢に使って事業を行う方式であった。これに対して、保守党政権で導入されたローインカム・ハウジング・タックス・クレジット制度は、民間の事業力と資金を十全に活用する方式である。事業者たちは、資金獲得の方法だけでなく、事業に対する思想の転換をも求められた。近年、ビダルは、コミュニティ開発法人の活動として、商業・住宅開発、経済開発、コミュニティ・オーガナイジング、就業支援の4つが現れてきたとしている（Vidal, A. and Keyes, L., 2005）。

これらの多様化し始めたコミュニティ開発と比較して、CCIsの取り組みはさらに斬新なものであった。事業内容、事業システム、及びコンセプトにおいても新しい取り組みであった。特に、そのコンセプトは、キャパシティ・ビルディングに象徴されるように、地域の自立、持続可能性を追求するものとなっていった。1980年代後半の政策は、保守派であるかそうでないかにかかわらず、政府支出削減、つまり小さな政府主義の考えに基づいており、近隣地域再生政策自体もこの影響を多分に受けた。こうして、コミュ

ニティ・アプローチ自体も1980年代にエルウッドが提唱した「個人の自律（Autonomy of the Individual）」、「労働の美徳」、「家族第一主義（Primacy of the family）」、「コミュニティ意識と要求」といった、古き良きアメリカの理想的要素を基本理念としていった。

そもそもコミュニティを重視したアプローチ自体がこの理念に則ったものであった。個人の自律の理念は、コミュニティ・アプローチの中で住民参加によってコミュニティ形成に参加することや、自らがコミュニティのために協力するといった方向性を構築していった。いうまでもなく、労働の美徳は、就業支援、成人教育といった事業を通じて失業者や、公的扶助の利用者を減らす方向性を追求するようになった。この理念に従って、CCIs では、職業訓練、就業支援、教育を重視したプログラムが組まれるようになった。

CCIs には、このような理念のもと、3つの特徴が生まれた。

まず第1に、就労、職業訓練、教育に力を入れたプログラム展開が特徴となっている。働いて自立できる人材の育成は重要な柱である。このために、教育や職業訓練は欠かせない分野である。具体的には、学校との連携、学校の改善、職業訓練、就業支援といったプログラムが組み込まれた。

第2に、コミュニティ自体のエンパワメントが特徴となっている。犯罪の排除や公共空間の清浄化、地域での助け合いなど住民が自ら地域に参加するということが強く意識されるようになってきており、コミュニティの形成によって、地域自体が力をつけることが、求められた。

第3には、自律した住民の意思決定や事業への参加である。地域コミュニティが形成されるためには、民主主義と住民の参加が欠かせない。住民自らが事業の計画段階から参加し、地域の課題を自らの問題として解決していく姿勢や能力の発揮が求められているのである。

エルウッドの提唱した社会福祉改革の理念と CCIs の事業理念が深い共通点を持つことは、CCIs の起源を考えれば当然のことであった。CCIs は、フォード財団などアメリカを代表するフィランソロピストによって推進されてきた事業形態である。両者は共通して現代アメリカのメインストリームの考え方であり、伝統的には、地域の課題を住民参加によって解決し、コミュニティとしての自律を確立していくというアメリカの伝統を引きついでいる。

こうして、住民参加、コミュニティ形成、自律といった近年のコミュニティ理念が浸透し、事業へと反映されるようになったのである。

第 2 部

包括的コミュニティ開発(Comprehensive Community Initiatives, CCIs)とは何か

4 章
包括的コミュニティ開発の始まり

4.1 包括的コミュニティ開発とは何か

　1980 年代後半になると、貧困地域における住宅供給を中心として事業を実施してきたコミュニティ開発法人（CDC）は、住宅供給と雇用によって地域を再生しようと試みるようになったが、徐々にもっと多様なサービスが求められていることに気づき始めた。また、ソーシャル・サービスの分野からも開発的ソーシャルワークなどの考えが現れて、コミュニティ開発に興味を示した（Mideley ら 2010）。実務者や助成を行う主体、これまで社会的に不利な立場に置かれた地域の開発にかかわってきたコミュニティ・オーガナイザーらは、カテゴリカル・アプローチの限界に気づき、社会的、経済的かつ物的な開発のすべてが必要であるとして、包括的開発（Comprehensive Development）の考え方を重視するようになった。そして、事業の実効性を重視する助成財団などの主導によって CCIs が立ち上げられるようになった。

　CCIs は一般名詞であるが、ここでは筆者が翻訳して「包括的コミュニティ開発」と呼ぶことにした。Comprehensive は、社会的、経済的、物的なプロジェクトを包括的に実施していくという意味であり、Community は、コミュニティ・レベルでの事業を実施することを指している。Initiatives は、通常、戦略、新規構想などの意味があたると思われるが、これらをあてると、「事業」という意味が薄れて、「計画」の意味が強まるため、ここでは、わかりやすく「開発」とした。本書の中では、「包括的コミュニティ開発」と、その省略形である CCI 及び CCIs を併用している。

　CCIs は、従来のコミュニティ開発と異なり、住宅や商業施設などの物的な開発のみでなく、社会サービスや教育などを総合的に展開するものである。その事業の内容は、ソーシャル・サービス、医療、保健、教育、経済開発、

就業支援、住宅供給、都市整備など包括的な範囲にわたっていることが特徴である。1つの地域で、その地域の抱える課題に合わせて、様々な分野の事業を包括的かつ戦略的に展開する。歴史的には、ソーシャル・セツルメントから発展し、貧困地域の子どもたちやその家族の生活を改善するために戦略的、かつ、包括的なプログラムを展開する地域への介入の手法である。

事業の内容は、極めて公的なものであるが、事業のスタートは、民間の助成財団の発意であり末端の活動組織も非営利の民間組織である。

CCIsの事業においては、1つの非営利組織が中心となって事業をマネジメントし、プロジェクトに参加する他の非営利組織に対して、事業上、指導的な役割をも果たした（Miller, A. and Burns, T. 2006）。

(1) CCIsの目的

CCIsの目的は、貧困や社会的に不利な状況を抱えるコミュニティに対して集中的な支援を行い、地域の改善を行っていくことである。この事業で特に強調されている目的はコミュニティ・ビルディングである。強固なコミュニティにおいては、住民が互いにサポートし合い、経済的、物的、文化的、さらには社会システムを構築し、持続的に発展していくという前提のもとで、コミュニティ・ビルディングが目標とされていることが多い。コミュニティが形成されることによって、住民は自ら自律的に助け合い、コミュニティの内部において共同性や補完性を確保するという期待がある。すなわち、コミュニティの自律とエンパワメントがこの事業の目的である。CCIsにおいては、エンパワメントよりは、キャパシティ・ビルディングという言葉がよく使用されている。エンパワメントは、力を剥奪された状態から、力を持った状態に成らしめるという少々押しつけがましい意味を持っているという考え方があり、キャパシティ・ビルディングが持つ力を構築するという意味合いのほうがよりふさわしいと考えられているためである。

(2) CCIsの発意

CCIsは、助成財団の発意と仕掛けによって始まり、これらの事業に対しては、数年から10年程度の長期間にわたって巨額の財源が提供されること

が多い。フォード財団、アニー・E・ケイシー財団、サードナ財団は、多くのCCIsのプロジェクトにかかわっている主要な資金提供主体である。これらの助成財団は、フィランソロピーに基づく公益的な事業を実施している組織に助成を行うことにより免税団体となっている。したがって、助成対象となる組織の実施している事業や行動に対して高い公共性が求められる。このため、CCIsにおいては、コミュニティで活動する非営利組織をよく知る中間支援組織との共同によってプロジェクトを推進していくことが多い。

(3) CCIsの対象地域

CCIsは、貧困率、失業率、福祉依存率、高校退学率、乳幼児死亡率、10代の妊娠率が高く、健康問題、住宅の荒廃、薬物中毒、暴力などの犯罪が多い地域で実施される。地域の中ですでに活動している組織をリード・エージェンシーとして助成の受け手とする場合もあるが、これらの対象は、助成主体が選択している。CCIsは、事業の対象として特定の問題や階層を対象としているというよりは、コミュニティ全体をターゲットとしている場合が多い。活動の中心として、対象近隣地域内に1か所以上の拠点を構えていることがほとんどである。この方法は、セツルメントの時代から引き継がれているものであるが、地域密着型の事業展開を実施していくための1つの特徴であるといえる。

(4) CCIsのコンセプト

ピトコフ（Winton Pitcoff）は、CCIsについて、社会福祉サービス改革とコミュニティ・ディベロップメントの2つの流れを汲むものであると解釈している（Pitcoff, 1997）。また、アスペン・インスティチュートが主催している包括的コミュニティ開発円卓会議（Aspen Comprehensive Community Initiatives Roundtable Project）のディレクターを務めるアン・クビッチ（Ann Kubisch）は、CCIsについて、これまでの経済開発とも社会福祉とも異なるアプローチであり、1）人材育成、2）近隣地域のキャピタル形成、3）ソーシャル・キャピタルを形成するものであると表現している（Kubisch, 1996）。

CCIsは以上のような特徴を有しつつ、共通して次のようなコンセプトを

掲げていると考えられている。

まず第1に、就業、職業訓練、教育に力を入れたプログラム展開が特徴となっている。働いて自立できる人材の育成は重要な柱である。このために、教育や職業訓練は欠かせない分野である。具体的には、学校との連携、学校の改善、職業訓練、就業支援といったプログラムが組み込まれた。(Capacity Building)

第2に、コミュニティ自体のエンパワメントが特徴となっている。犯罪の排除や公共空間の清浄化、地域での助け合いなど住民が自ら地域に参加するということが強く意識されるようになってきており、コミュニティの形成によって、地域自体が力をつけることが、求められている（Community Building, Community Capacity Building）。

第3には、自律した住民の意思決定や事業への参加である。地域コミュニティが形成されるためには、民主主義と住民の参加が欠かせない。住民自らが、事業の計画段階から参加し、地域の課題を自らの問題として解決していく姿勢や能力の発揮が求められているのである（Participation）。

(5) 事業内容

CCIsの事業内容は、医療、福祉、保健衛生、教育、雇用、経済開発、住宅、安全、薬物依存への対応など包括的な範囲にわたっている。このような多様な取り組みを通じて、地域力を強化し、雇用を生み出し、貧困が貧困を生むような悪循環から抜け出すことを目標としている。このため、事業内容は多様であり、コミュニティ全体を対象としたものとなっている。

ヒスパニック系の地域では、移民の流入と出産により人口増加の傾向にあるコミュニティが多く、一方アフリカ系の住民が多く暮らす地域は、工場などの撤退により、1970年代頃から大幅に人口が減少している地域が多い。このため地域によって必要なサービスや対応策が異なり、この意味でコミュニティを対象とすることのメリットが大きい。

4.2 初期の包括的コミュニティ開発

(1) 初期の CCIs

　初期の CCIs は、モデル事業として助成財団が選択したいくつかの地域で展開されるようになった。1980年代後半から1990年代初頭にかけて次々と各地で包括的開発の事業が推進されるようになった。助成財団の主導で対象地域が選択され、プロジェクトの目的、内容が設定された。当初に投入される予算は、プロジェクトごとに差異はあるものの、日本円に換算すると、数億円という単位の金額であった。

　初期の CCIs には、次のようなものがある（表4-1）。1992年に、ニューヨークのサウス・ブロンクスにおいて A・ミラーが中心となって推進したCCRP（Comprehensive Community Revitalization Program）[7] は、初期の代表的なCCIs である。この事業に関しては、プロジェクトの推進者であったミラーがまとめたレポート（Miller, A. and Burns, T. 2006）や、プロジェクトの第三者機関による評価レポートがある。サウス・ブロンクス地域において、1980年代から1990年代の半ばにかけて、コミュニティ開発法人は、2万2,000戸のアフォーダブルなファミリー向け住宅を供給し、新しい入居者を魅了した（Spilka ら 1998）。しかし、1990年代の初頭には、物的なプロジェクトだけでなく、そこに暮らす人々の暮らしを支える基本的な社会サービスが不可欠であることが認識され始めた。このプロジェクトを中心となって立案し、推進したのは、A・ミラーである。ミラーは、もともとフォード財団でプログラムオフィサーを7年間務め、さらに LISC の全国組織においてディレクターとして活躍した。その後に、CCRP を立案し、プロジェクトの開始から終了までその推進の中心となった。ミラーによるレポート（Miller and Burns 2006）をもとに、CCRP の概要を以下に整理する。

---

7) CCIs はプロジェクトの総称、一般名詞であるのに対して、各プロジェクトにはそれぞれにプロジェクト名がついている。CCRP は、サウス・ブロンクスにおいて実施された CCI の一例。

表 4-1 初期の CCIs 例

事業名称	場　所	概　要	投資額	助成財団
Neighborhood and Family Initiatives (NFI)	Memphis, Hartford, Detroit, Milwaukee	コミュニティ・プランニング手法を使って各地域に新たな組織づくりを行った。経済、社会及び物的な開発を実施。	計画策定費各 $125,000 当初3年間 100万ドル	フォード財団
Comprehensive Community Revitalization Program (CCRP)	South Bronx, NYC	地域で活動していたCDCを中心として数か所で職業訓練、就業支援事業などを含む包括的な事業を実施	当初の助成額 600万ドル レバレッジ 3,500万ドル	サードナ財団
Community Building In Partnership	Sandtown-Winchester, Baltimore	失業の改善、住宅供給、犯罪の減少などを目標として成果を上げた。100か所以上のブロッククラブ*を形成。	当初助成額 490万ドル レバレッジ 4,000万ドル	エンタープライズ
Neighborhood Partners Initiatives	South Bronx, Central Harlem, NY	5か所の近隣地域において低所得者向け住宅の改善、就業、住民参加を目標に事業を実施	当初助成額 20万ドル	エドナ・マコーネル・クラーク財団
Neighborhood Preservation Initiative	New Haven, CT	9つの近隣地域を対象に公的私的機関の協力のもと、物的改善、安全、経済開発、青少年の機会開発などを実施	当初3年間 助成額660万ドル	ピュウ・チャリタブル・トラスト
The Atlanta Project	Atlanta GA	ジミー・カーター・センターのプログラムとして20か所の近隣地域を対象として、5年間のプロジェクトを実施。	当初助成額 2,000万ドル	ジミー・カーター・センター

*ブロッククラブとは、街区ごとの住民の集まりのこと / 各事業主体などのホーム頁や資料から筆者作成。

　CCRP は、サードナ財団の出資によって、サウス・ブロンクスで貧困に喘ぐ子どもや家族の生活の総合的な改善を目指して設立された。事業推進主体として、すでに地域において長い間活動し、相当数の住宅プロジェクトを手がけた経験を有するコミュニティ開発法人が抽出された。抽出されたコミュニティ開発法人は、住宅供給においていずれも豊富な経験を有する有能な組織であった。各組織は、CCRP のディレクターとアウトリーチのスタッフを配置させた。

　健康、保健分野では、非営利のヘルスケア実践に対して資金を提供し地域の住民の多くが医療にかかる機会を増やした。経済開発分野では、ケイタリ

ング、保育、マイクロローンプログラム、ショッピングセンターなどのプロジェクトの推進に対して、資金、技術、スタッフの支援などを実施した。就業支援の分野は、コミュニティ開発法人にとって重要であった。供給している住宅に入居する世帯のうち約40％は何らかの社会的給付を受けていた。後に全米の地域就業支援のモデルとなるニューブロンクス就業サービスが、他の組織との共同で実施された。この組織は、プロジェクトに参加した4つのコミュニティ開発法人が共同で運営している。防犯対策では、CCRPによって助成を得たコンサルタントとコミュニティ開発法人が共同して、住民が中心となって犯罪を減らす取り組みを立ち上げた。

このようなプログラムは、すべてがコミュニティ開発法人と他の組織との連携で実施された。

コミュニティ開発法人間のネットワークや他の地域組織、そしてスタッフ同士の関係が構築されていった。プロジェクトは、当初940万ドルの助成からスタートしたが、最終的には、4,400万ドルが助成された。近隣地域で長年活動を続けていたコミュニティ開発法人は、地域には住宅以外のサービスが必要とされていることを認識していた。そこへこのプロジェクトがスタートしたことによって、住宅以外の様々なニーズに対応するプロジェクトの推進に大きく貢献した。

サウス・ブロンクスにおいて、長年の活動経験を有するコミュニティ開発法人は、地域に暮らす人々を熟知しており、地域住民5万人のうち半数は、当初にプロジェクトに参加した6つの法人が供給する賃貸住宅の住人であった（Spilkaら1998）。またこれらの法人は、住宅供給という大きな資金を必要とするプロジェクトを長年にわたって推進することが可能な人材と能力を持った成熟した組織であり、住宅以外のプロジェクトにおいては地域の他の組織と連携していく共同性を発揮することによって、CCRPのプロジェクトを動かしていくことができる能力を備えていた。ミラーは、このような組織を選択して資本を投下した。

このように、1980年代後半においては、貧困地域で活動するコミュニティ開発法人が、政府の補助金やタックスクレジットなどの制度を使って住宅を供給し、力をつけ、テナントをはじめ地域住民との関係を構築していたこと

もこの事業を推進する一要因となった。こうして、初期のCCIは誕生した。

4.3 コミュニティ・アプローチとしての包括的コミュニティ開発

(1) CCIsの特徴

　CCIsは、従来のコミュニティ開発の立場からみると、ソーシャル・サービス、雇用、経済開発といった社会開発的な分野のアプローチを含んだ新たなモデルである。また、ソーシャル・サービスの分野からみると、児童やその家族といった対象者だけでなく、コミュニティ全体を対象としていることや、住宅供給やオープンスペース整備といった物的な開発をも含んでいる点で両者にとって新たな面を持ち合わせている。アン・クビッチは、CCIsの事業特性について、①人材育成、②近隣社会資本（Neighborhood Capital）の形成（コミュニティ開発法人が実施していたような近隣地域での物的な開発と経済的な開発）、③ソーシャル・キャピタルの形成（市民生活の形成、コミュニティ意識の育成、社会構造の構築）の3点を挙げている。CCIs以前の近隣地域開発においてはこのようなコンセプトはあまり明確になっておらず、どちらかというと、物的な開発中心で、対症療法的な側面を有していた。

　通常①助成財団と近隣地域で実働するリード・エージェンシー、②リード・エージェンシーと地域で活動する他の組織、③リード・エージェンシーと地域住民、④リード・エージェンシーと地方政府といったリード・エージェンシーを中心とした協力関係が構築されている。この協力関係こそが、包括的な事業展開の鍵となるものなのである。

　CCIsの事業推進では、対象となる近隣地域内に事業拠点が整備される。事業資金が地域ですでに活動している組織に対して提供される場合と、事業のために新たな組織が設立される場合、2つ以上の組織が統合されてリード・エージェンシーとなる場合があるが、いずれの場合においても、地域内に1か所以上の拠点が確保されるという点については同様である。大きな資金を持って事業を行っていくためには、人手が必要となり、雇用が発生する。そして、巨額の資金は、地域の中で今までになかった流通や需要を生んでい

くのである。この意味で、CCIs そのものが地域内に入り込んでくることによって地域再生が近隣地域の地場産業となっていくという特性がある。

　資金面に関しては、もう1つの特徴がある。地域の中に大きな資金が投下されることによって、レバレッジとして、追加的に他の資金が地域に投入されるようになることである。

　CCIs のシステム上の最大の特徴は、助成財団の発意によってプロジェクトが計画、立案され、数千万ドルという初期投資がある1つの地域において行われることである。このことは、助成財団と近隣地域や地域組織（CBO）、そして、地域組織と近隣地域との間に新たな関係性を生んでいる。

　まず、助成財団と地域組織との関係に着目してみると、助成財団は、CCIs を立案した段階で事業方針を持っている。このため、この方針に合致した条件を持つ地域や、そのもとに事業を展開できる能力や条件を持った組織がリード・エージェンシーとして選択される。助成財団の要求や方針は、地域にとって時にプレッシャーともなりうる（Pittocf, 1997）。このような関係性を良好に保つためには、両者の質の良いコミュニケーションと技術的な援助が必要であるとピトコフは指摘している。

　次に、数千万ドルに上る巨額の資金の投下は、権力の集中をももたらし、これによって、事業自体の透明性とアカウンタビリティ（説明責任性）が強く求められるようになった（Pitocf, 1997）。これと同時に、非営利組織の公としての性格が強化されることになったのである。投資された資金が、公平、かつ正当に使われるために、事業計画策定や事業の推進段階における、民主主義的な運営、住民の参加による意思決定の仕組みを整備することが必要になった。事業のアウトプットだけでなく、住民参加やその結果による意思決定など事業のプロセスにも重点が置かれるようになった。

　このことは、近隣地域で活動する非営利組織やスタッフに対しても変革を求める結果になった。組織は、スタッフとして有能なコミュニティ・オーガナイザーを雇用し、事業推進力を強化することで、得た資金によって成果を出すことが求められた。コミュニティ・オーガナイザーは、資金提供者である助成財団、地域の有力者から、弱者まで様々な人々の意見をくみ上げることができる高いコミュニケーション能力とプロジェクト推進能力が必要であ

る。彼らの多くは、大学や支援組織が実施しているコミュニティ開発の講座や、リーダーシップ・ディベロップメントの講座を受講するなど自己研鑽に励んでいる。

　事業のアウトプットに対しては、通常、第三者機関に委託された評価が実施される。このことは、資金を提供する助成財団にとっても、資金を与えられたリード・エージェンシーにプレッシャーを与える。

(2) コミュニティ開発との同一と差異

　1980年代までに、アメリカの貧困な近隣地域で発展してきた地域再生のための事業方式は、主に住宅開発と経済開発の2つを進め、地域の再生を行っていくコミュニティ開発（Community Development）手法であった。CCIsでは、助成財団が地域ですでに活動しているコミュニティ開発法人に対して資金を提供する方式で事業を進めていくために、この近隣資産形成の手法は、多くのCCIsで継承されている。コミュニティ開発法人は、多くの場合CDBGやタックスクレジット制度などを使って、住宅事業を展開しており、その組織が事業上、財政上の安定性を確保し、組織としての力量をどの程度保有しているかどうか判断がつきやすい。このためCCIsでは、多くのコミュニティ開発法人がリード・エージェンシーとして活躍している。コミュニティ開発とCCIsでは、両者が外部からの介入であり、様々な外部資金を使って、専門的アプローチによって貧困地域の再生を行うという点では共通している。しかし、いくつかの点で従来のコミュニティ開発とは異なる点がみられる。

①人材の確保と能力の向上

　コミュニティ開発法人が、CCIsを運営していくに当たっては、様々な事業主体と連携することによって事業を進めるか、住宅事業以外の事業を管理運営できるスタッフを雇用していく必要がある。この意味で、より多様かつ優秀な人材の確保が重要である。そして、組織の中での個人的な能力を高めることと同時に、組織自体の能力を高めることも重要となる。

②権力と資金の集中

　CCIs では、数年間に数千万ドルという単位の資金が投入されるためリード・エージェンシーには多くの資金と権力が集中する。このため、この資金の使い方、事業の推進についての透明性とアカウンタビリティが重要となる。コミュニティ開発では、良質でアフォーダブルな住宅を供給し、商業施設や店舗を整備する一事業体として活動することで事足りたが、資金の規模と事業範囲の拡大は、リード・エージェンシーの性格をより公共的なものへと変質させていった。

③民主主義と住民による意思決定

　コミュニティ開発法人が地域に住宅を供給する際には、「うちの裏には建設するな（Not In My Back Yard＝NIMBY）」反対運動に出遭うこともしばしばあるが、必ずしも地域住民の合意のもとに事業を進める必要はない。また、ジェントリフィケーションへの配慮や入居の適正などを問われることはあっても、住民参加は必須ではなかった。しかし、CCIs は、資金の大きさや、地域に与える影響の大きさ、事業目的としてのコミュニティ形成などから、計画段階から民主的な方法によって住民の参加と意思決定を行う必要がある。

　このような点で、CCIs では、より高度な運営能力とコミュニティ・オーガニゼーションが求められているといえよう。

5章
シカゴの事例からみた
包括的コミュニティ開発の特性

1998年までに、全米では、50プロジェクトを超えるCCIsが推進されてきた（Wright, 1998）。シカゴ大学チャッピンホールセンター（Chapin Hall Center for Children at the University of Chicago）の調べでは、2000年までに100プロジェクトあまりのCCIsが実施されたともいわれている（Chaskinら 2000）。しかし、実際には民間主導で実施されているためCCIsの全国的な状況を把握することは難しいといえる。

近年、シカゴでは、マッカーサー財団による資金提供とLISCの主導で、インナーシティ部に立地する16のコミュニティ（図5-1）において、CCIsが実施されている。CCIsでは、それぞれのプロジェクトには、プロジェクト名称がつけられる場合が多いが、これは、ニュー・コミュニティ・プロジェクト（New Community Project＝以下NCPと表記）と呼ばれている。これらの16地域は、いずれも中低所得の勤労者を中心とした近隣地域で、いくつかの地域は、貧困率が40％を超えている。シカゴは、ニューヨーク、ロサンゼルスに次ぐ、全米第3位のメトロポリスである。歴史的にみると、アメリカ中西部の工業都市として発展し、19世紀末に急激に労働者人口が流入したため、ニューヨークなど東海岸のいくつかの都市と同様にテネメント問題の集中した都市でもあった。このため、最も古い時期のセツルメントの1つで、現在

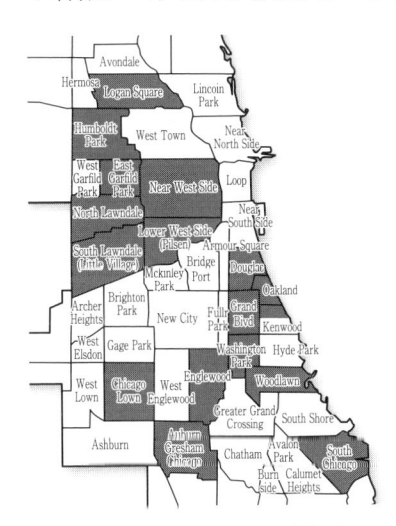

図5-1　LISCシカゴNCP対象地区
黒い部分が対象16地域
出典：NCP資料より。

もその活動が続いているハルハウスが立地する。1889年ジェーン・アダムズがイギリスでセツルメントハウスをみて帰国し、エレン・ゲイツ・スターとともに事業をしようと考えて最も荒廃した場所を探したところシカゴに決まったといわれている。シカゴは、後に政府の実施したコミュニティ・アクション・プログラムのモデルとなるシカゴ・エリア・プロジェクトの発祥した都市でもあり、ソウル・アリンスキーが活動を始め、多くの地域組織化の活動家を育てたコミュニティ・アプローチの発祥と発展の地でもある。そして、インターミディアリーであるLISCの地域オフィスが最初に設立されることになった。シカゴは、アメリカの大都市の典型的な課題を抱え、その対策に取り組んでいるモデルとして事業を展開していくにも、そのケーススタディにもふさわしい都市であるといえる。

　本章では、近隣地域における非営利組織の役割、社会的、経済的な開発をも含めた包括的事業の展開の実態と仕組みについてその特徴を明らかにする。

　2009年3月に6つのコミュニティ開発法人などのリード・エージェンシー及びNCPのディレクターに対してインタビュー調査を行うと同時に資料を収集しこれらを分析した。インタビューは録音して記録し、これを書き起こし、項目ごとに6つの組織のインタビュー結果を比較できるように整理し検証した。

　この事業では、対象となっている16のコミュニティにおいて、1つのリード・エージェンシーを抽出、または、新たに立ち上げて、それぞれのコミュニティにおける事業を推進している。16のコミュニティのうち2つは、このプロジェクトのために新規に立ち上げられた組織であり、うち1つは、既存の2つの組織を統合して運営されている。この組織をリード・エージェンシーと呼んでいる。リード・エージェンシーには、このプロジェクトを担当する専任のスタッフ2名が雇用され、この人件費は助成財団からの支援によって賄われている。

5.1 NCP の計画立案とプログラムの推進

(1) 対象地域の特性

シカゴ市は、19世紀後半から多くの移民を受け入れ1960年頃までに急速に拡大していった（図5-2）。しかしこの時期をピークに人口は郊外へと移動し都市は縮小し始めた。イリノイ州は、フロリダ、カリフォルニア、テキサス、ニューヨークなどと並んで、南米からの移民が流入している地域の1つである。これによって、シカゴ市全体では、人口が減少していても、ヒスパニック系住民が集まって暮らすコミュニティでは人口が増加しているという現象がみられる。これに対して、市全体では人口が増加している場合でさえも、治安の悪化などによって人口が減少していく地域がみられる。8つの地域で増減率が-100％を超えるなど、現人口を超える人口が流出していることがわかる。対象地域には、リトル・ビレッジやシカゴ・ローンのように人口が増加している地域とイングルウッドやワシントン・パークに代表するように著しく減少している地域がある。リトル・ビレッジは、ヒスパニック系住民が多く居住する地域であり、移民によって人口が増加している現代アメリカ社会における典型的なコミュニティの1つである。一方、ワシントン・

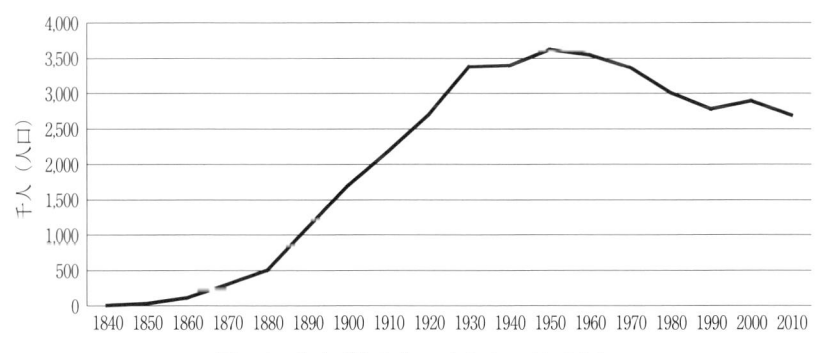

図5-2 シカゴ市の人口（1840〜2010年）

表 5-1 対象地域の特性

近隣地区名称	人口(2000年)	人口変動(1960〜2000年)	変動率	住戸数(2000年)	人数/世帯	空家数(2000年)	空家率	持ち家率	貧困線以下世帯	公的支援世帯	公的支援世帯(%)
アーバン・グレシャム	55,928	-3,556	-6.4%	19,955	2.8	1,685	8.4%	52.6%	20.6%	2,292	12.6%
シカゴ・ローン	61,412	10,000	16.3%	18,498	3.3	1,421	7.7%	51.6%	19.8%	1,593	9.3%
クォド・コミュニティ	78,949	-119,323	-151.1%	40,171	2.0	8,182	20.4%	24.0%	38.0%	4,752	14.8%
イースト・ガフィルド	20,881	-45,990	-220.2%	7,673	2.7	1,120	14.6%	28.0%	35.2%	1,102	16.9%
イングルウッド	40,222	-57,373	-142.6%	15,210	2.6	2,591	17.0%	31.5%	43.8%	2,718	21.6%
フンボルト・パーク	65,836	-5,773	-8.8%	19,834	3.3	2,004	10.1%	37.6%	31.1%	2,790	15.6%
リトル・ビレッジ	91,071	30,131	33.1%	20,991	4.3	1,778	8.5%	36.0%	26.5%	1,498	7.8%
ローガン・スクエア	82,715	-12,000	-4.5%	31,488	2.6	2,597	8.2%	30.8%	19.8%	1,458	5.0%
ノース・ローンデール	41,768	-83,169	-199.1%	14,620	2.9	2,218	15.2%	26.1%	45.2%	2,461	19.9%
ピルセン	44,031	-4,400	-10.0%	14,410	3.1	1,613	11.2%	26.0%	27.0%	837	6.5%
サウス・シカゴ	38,596	-11,317	-29.3%	14,340	2.7	1,771	12.4%	42.9%	29.5%	1,597	12.7%
ワシントン・パーク	14,146	-29,544	-208.9%	3,153	4.5	1,411	44.8%	10.0%	51.6%	1,195	25.2%
ウエスト・ヘイブン	46,419	-80,191	-172.8%	21,408	2.2	3,233	15.1%	26.1%	37.5%	1,970	10.8%
ウッド・ローン	27,086	-54,193	-200.1%	11,941	2.3	1,778	14.9%	18.0%	39.0%	1,660	16.0%

*NCP 資料を基に筆者が作成、データは 1960 年及び 2000 年 US センサスより。

パーク[8]のように、人口が著しく減少し、空家率が50％に迫り、持ち家率が10％と低くなっているところをみると、もともとの住民の多くはこのコミュニティを去り、この地域に住まざるを得ない人々が残っているという状況を察することができる。このような状態に陥ると、治安が極端に悪化するため、

---

8) ワシントン・パークは、シカゴ市の中心部よりやや南側に立地し、シカゴ大学のあるハイドパークに隣接し、都市の中心部からも公共交通機関が直通している。広大な緑地、公園を有し、2006 年シカゴがオリンピックの候補地となった時には、ここに競技場などを開発する案が浮上していた。

少しでも可能性のある人々はコミュニティの外へ出て行こうとする。これらの2つは典型的なアメリカのコミュニティのパタンである。

(2) NCPの概要とLISCの役割

まず、NCPは現在進行中のプロジェクトであり、プロジェクト全体の成果について評価することは難しいが、計画プロセスや各組織の関連性については、より具体的に考察することが可能である。このようなメリットを生かして、NCPについては、計画、及び事業プロセスに関する具体的な現状の把握に努めた。

NCPは、サウス・ブロンクスのCCRPをもとに、LISCとマッカーサー財団によって計画され、マッカーサー財団のほか19か所からの助成を得て住宅供給だけにとどまらない多様な開発に取り組んでいる。この取り組みは、ニュー・コミュニティ・プロジェクトと称し、シカゴ市内77の近隣地域のうち抽出された16の近隣地域において活動するコミュニティ開発法人、あるいはCBO（Community Based Organization＝地域組織）をリード・エージェンシーとして据え、近隣地域の総合的開発に取り組むものである。

対象地域は、シカゴのダウンタウンの外周部に立地し、近隣地域の人口規模は、1万5,000人程度から9万人程度となっておりその規模は様々であるといえる。LISCに対するヒアリング調査をしたところによると、対象地域の範囲はすべて各組織が自ら定めた。

LISCは、リード・エージェンシーに対して、2人のフルタイムのスタッフを雇用、用途に制限のない資金の助成とローンを準備した。当初5年間でLISCが実施した助成は、約1,480万ドル、ローンは約1,740万ドル、LISC以外から得た計画内容に関連する助成は、約5億2,590万ドルである。このほかLISCは、プロジェクト推進における技術的な援助、スタッフ同士が相互に学びあえるピアミーティング[9]の機会や技術的な援助を提供している。

計画期間は10年間で、1998年に計画が始められ、事業開始5年後に見直しが行われた。ここでは、NCPに参加する16の近隣地域のうち、13の計画

---

9) ピアミーティングとは、同じ境遇にいる人々が情報や心情を交換し合う集まりのことである。

書とインタビュー調査から得た結果をもとに、包括的開発の具体的な内容とその特徴を分析する。

(3) 計画の特徴

　各リード・エージェンシーは、計画期間を5年間とし、住宅やオープンスペース、都市計画などのフィジカルなプランニングと地域のサービス、ビジネスインキュベーションなどの幅広い分野の計画項目を含む「クオリティ・オブ・ライフプラン」を策定する。1998年から2002年までの間に3つの近隣地域が計画策定、2005年までにほとんどの近隣地域が計画策定を終えた。計画には、合わせて約3,000人の住民が参加した。10年間のプロジェクト推進期間のうち、当初5年間の計画が策定され推進されている。計画策定に直接携わったのは、近隣地域において活動する住民、コミュニティ開発法人、青少年、教育、医療、大学、金融、州及び市議会議員、芸術家、警察、行政、教会関係者、移民関係団体、ソーシャルワーク団体など幅広い分野の人材を集めたタスクフォースである。計画期間は、概ね1年から2年がかけられている。計画は、概ね月に1回程度のタスクフォース会議を開催し、さらには、不特定多数の住民が参加できる会合を重ねながら、コンサルタントによって取りまとめられている（表5-2）。

　計画の内容は、1）コミュニティの求める全体像、2）課題、3）ビジョン、4）戦略的プラン、5）プログラムによって構成されている。人口の減少や空き家が問題になっている地域が多いために、ビジョンでは、新たな住民を迎えて活性化を図ることや地域力の強化を目標とする文言が多くみられる。

　リード・エージェンシーは、コミュニティ開発法人（CDC）か、あるいは地域で活動するそのほかの地域組織（CBO）が担当している（表5-3）。リード・エージェンシーには、古くから地域に根差した活動を行ってきた組織に対してインターミディアリーが資金やノウハウを提供するものと、本プロジェクトのために新たに設立された組織とがある（表5-3）。筆者が、これらの組織の活動についてインターミディアリーの担当者に対してインタビューを行ったところ、「新たに設立された組織は、数年間経過した段階では支障なく動き始めたが当初は生みの苦しみがあった」と語った。しかし、

表 5-2　計画策定の関係者及び組織

近隣地域名	策定委員数	住民	CDC	青少年	教育	医療	学識	金融	議員	芸術	警察	行政	宗教	住民参加数	下部組織	策定参加組織数	その他の参加者
アーバン・グレシャム	38	○	○	○	○	○			○				○	92		21	
シカゴ・ローン	38			○	○				○				○	240		16	
クォド・コミュニティ	88	○	○	○	○	○	○	○	○	○	○	○	○	465	○	51	
イースト・ガフィルド	45								○		○			329		72	
イングルウッド	650													650		95	
フンボルト・パーク	66														○	81	
リトル・ビレッジ	35	○	○	○	○				○					48		29	移民関連ビジネス起業
ローガン・スクエア	72	○		○	○				○	○		○	○	58		83	ソーシャルサービス組織
ノース・ローンデール	46	○							○					350		37	
ピルセン	63	○	○	○												33	
サウス・シカゴ	108	○	○	○				○						108		48	移民関連
ウエスト・ヘイブン	99													不明		30	詳細不明
ウッド・ローン	33	○		○	○	○			○	○				245		74	レストラン、カフェなどの経営者

＊各コミュニティのクオリティ・オブ・ライフプランを基に筆者が作成。

実は、新たな組織の構成メンバーは、地域の商業組合や教会、人権活動関係者などから構成されており、全くの外部者が形成した組織というものはない。

(4) プログラムの総合性と推進体制

この事業では、各リード・エージェンシーが、計画立案、及びプログラムを推進する。リード・エージェンシーは、地域のコミュニティ開発法人、及びコミュニティ・ベースト・オーガニゼーション（CBO）、議員事務所など

102　第2部　包括的コミュニティ開発(Comprehensive Community Initiatives, CCIs)とは何か

表5-3　組織の概要

近隣地域名称	リード・エージェンシー名称	種別	活動開始	活動の特徴
アーバン・グレシャム	Greater Auburn-Gresham Development Corporation	CBO	'01年	・ビジネスインキュベーション、商業誘致などの経済開発 ・賃貸住宅供給管理、住宅管理支援、高齢者サービスの提供 ・住宅、住宅地、商業施設の開発
シカゴ・ローン	Greater South Development Corporation及びSouthwest Organizing Project	CDC CBO	'74年	・住宅、商業、工業再開発 ・高齢者住宅の供給及びサービスの提供
クォド・コミュニティ	Quad Community Development Corporation	CBO 新規	'03年	・地区の市会議員が中心となって4つのコミュニティにまたがって活動する ・地域で活動するCDCとCBOなどの代表者が合同で組織を立ち上げた
イースト・ガフィルド	Garfield Park Conservatory Alliance	CBO	'93年	・植物園を核とし、園芸活動を通じて地域の活性化を行うことを目標とする組織
イングルウッド	Teamwork Englewood	CBO 新規	'03年	・教会を中心としたコミュニティ組織、銀行、病院が共同してNCPのために立ち上げた組織
フンボルト・パーク	Bickerdike Redevelopment Corporation	CDC	'67年	・住宅供給、修繕、管理、住情報提供 ・コミュニティ・リーダーの養成等を実施する組織
リトル・ビレッジ	Little Village community Development Corporation	CDC	'90年	・教育、商業、ビジネスインキュベーション、住宅、ソーシャル・サービス、地域の安全などのために組織
ローガン・スクエア	Logan Square Neighborhood Association	CBO	'62年	・教育、学校との連携、ソーシャル・サービス支援、移民への支援、オープンスペース作りなどを実施している組織
ノース・ローンデール	Lawndale Christian Development Corporation	CDC	'90年	・住宅供給、経済、ビジネス支援、ソーシャル・サービスを提供 ・CBOと共にファミリー向けのサービス提供を行うセンターを設立運営
ピルセン	The Resurrection Project	CDC	'90年	・6つの教区が資金を提供して立ち上げた住宅供給、安全、教育などを通じて健全な地域づくりを行うことを目的とした団体
サウス・シカゴ	Claretian Associates	CDC	'91年	・住宅供給、コミュニティエンパワメントを目的とした団体 ・若年者のための職業訓練
ワシントン・パーク	Washington Park Consortium	CBO 新規	'08年	・市議会議員を中心として地域のCBOなどが共同して立ち上げた組織
ウエスト・ヘイブン	Near West Side Community Development Corporation	CDC	'87年	・住宅供給、管理、居住者支援などを実施 ・スポーツ、イベントを通じた青少年教育 ・職業教育を実施
ウッド・ローン	NCP/Woodlawn	CDC	不明	・教育、住宅、就業支援、チャイルドケアなどを行う団体

各組織のホームページ、ヒアリング及び計画書を参考に筆者が作成。

5章　シカゴの事例からみた包括的コミュニティ開発の特性　103

表 5-4　戦略的プログラムの内容

	アーバン・グレシャム	ローガン・スクエア	ウエスト・ヘイブン	サウス・シカゴ	リトル・ビレッジ
住宅関連事業 住宅供給、修繕、利用の拡大、ミクストディベロップメント、アフォーダブルハウジング	○	○	○	○	○
交通利便性、機能の向上 歩行者の安全性向上、交通機関へのアクセシビリティの向上	○			○	○
公園、緑地、オープンスペースの構築	○	○	○	○	○
産業、商業支援 ビジネスインキュベーション、商店街の活性化、TIFの推進、近隣商業の活性化	○	○	○	○	○
健康指導、公衆衛生、医療機会の向上 公衆衛生センター、クリニックの設置など	○	○	○	○	
就業支援 職業訓練、インターンシップ、ITスキルの構築	○	○	○		○
広報活動 新聞、ニュースの発行	○		○		
学校、教育関連活動 教育の機会、教育水準の向上	○	○	○	○	○
学校を核とした地域交流の促進 父母の交流、父母の教育への参加		○	○		
アフタースクール・プログラム スポーツ、芸術、アフター・スクールプログラムなど	○				○
学習の機会の創出 生涯学習支援、進学支援、相談	○				
芸術活動 アーティストとの交流	○			○	
地域アイデンティティの創出	○			○	
法的支援の機会の拡大 移民問題支援、支援センター構築		○		○	○
コミュニティの育成 街区コミュニティの緊密化、コミュニティリーダーの育成、政策、計画への参加機会の創出など		○	○	○	
レクリエーション		○			
安全、防犯活動 安全、防犯教育、警察との連携	○	○		○	○
清掃、緑化活動 地域の清掃、緑化	○		○		

＊各地域の計画書より筆者作成。

が請け負っている。リード・エージェンシーは、一定期間に成果が上がらない場合には、解任されることもある。NCPを実施するためにいくつかの地元組織を統合して再組織化された組織もある。このような事業の推進においては、共同、統合といった組織のフレキシビリティが必要である。

プログラムの中身は、住宅の整備、空き家対策、商店街の活性化、ビジネスインキュベーション、工場跡地の整備、オープンスペースや公園の整備、医療環境の向上、青少年教育、学校教育、成人教育、スポーツ、職業教育・訓練、文化、芸術活動など多岐にわたる。

これらのプログラムの推進主体は、地域の団体や組織とリード・エージェンシーが共同して実施する場合もみられる。プログラムの実施にかかわる団体は、16～83団体（Quality of Life Plan, 2005, 2006, 2007, 2009）となっており（表5-2参照）、様々なネットワークとの連携の可能性が確立されていることがうかがわれる。

戦略プログラムの内容は、芸術・文化、児童、インフラ整備、コミュニティ、経済、教育、雇用、環境、ファミリーサービス、健康、住宅、防犯、社会福祉、青少年育成などにわたり、プログラムの実施にかかわる団体の多様性が、プログラム実施の多様性を確保している。このように、総合的開発は、地域の様々な団体がネットワークすることによって実現している（表5-4）。

5.2 包括的コミュニティ開発の特性

(1) 計画の特性

計画に関する特性は、3つ上げられる。

第1に、キャパシティ・ビルディング（能力開発；(4)と第7章で詳述）の理念に基づき、CCRP、NCPの両者に共通して、教育と就業支援に力を注ぐ傾向がみられた。

第2に、計画策定においては、住民と地域で活動する様々な組織、関係団体などが参加している。特に、事業の実施主体や住民が参加することは、

フィジカルな事業にとどまらない多様性のある計画の立案や、その実現性に影響を与える。住民や地域組織の参加は、プロジェクトのプロポーザルが募集された時点で、マッカーサー財団と LISC が示した重要な条件の1つに含まれていた。

　第3に、計画内容は、具体的かつ実現可能な戦略的プランとして仕立てられている。近隣地域の中で必要な事業を取り上げ、着手から完成までの時期及び実施主体を明記したアクションプランとなっている。インタビューにおいては、これらのプランが確実に実現しつつある状況が捉えられた。

　計画に関するこのような3つの特性は、いずれも近隣地域の人々の生活を向上するための多様性のある事業を実施していくにあたって重要な柱である。推進主体であるコミュニティ開発法人は、近隣地域のオーガナイザーとして計画立案と実施のための中心的役割を果たしている。リード・エージェンシーは、地域において長期間住宅供給を行っているため、テナントや事業者、金融機関、社会的、経済的な活動団体と密接な繋がりを持っている。そのため、横の繋がりを作りやすく、計画においても、コミュニティ開発法人だけでは実施不可能な分野の事業についても具体性と実現性を持っている。

(2) 中間支援組織の役割と CCIs のシステム

　通常のコミュニティ・ディベロップメントにおける資金の流れは、図1-1（第1章）に示すように、大きくは、公的資金と民間資金にわかれる。民間資金の受け皿となっているのが中間支援組織である。中間支援組織は、その立地する都市や地域において活動するコミュニティ開発法人等に対して民間資金を分配し、事業推進をサポートする役割を果たしている。レーガン政権以降、CDBG 削減など市場中心主義の政策に移行したことによって、公的な資金の流れが減少し、民間資金に頼る割合が増えると同時に、中間支援組織の役割も増大している。

　図5-3に示すように、中間支援組織は、選択したいくつかのコミュニティ開発法人に、資金を集中的に投入し、近隣地域の社会、経済的な開発を含めたプロジェクトを後押ししている。NCP プロジェクトにおけるマッカーサー財団の助成は、10年間という長期間、かつ、その使途に制限がないことが

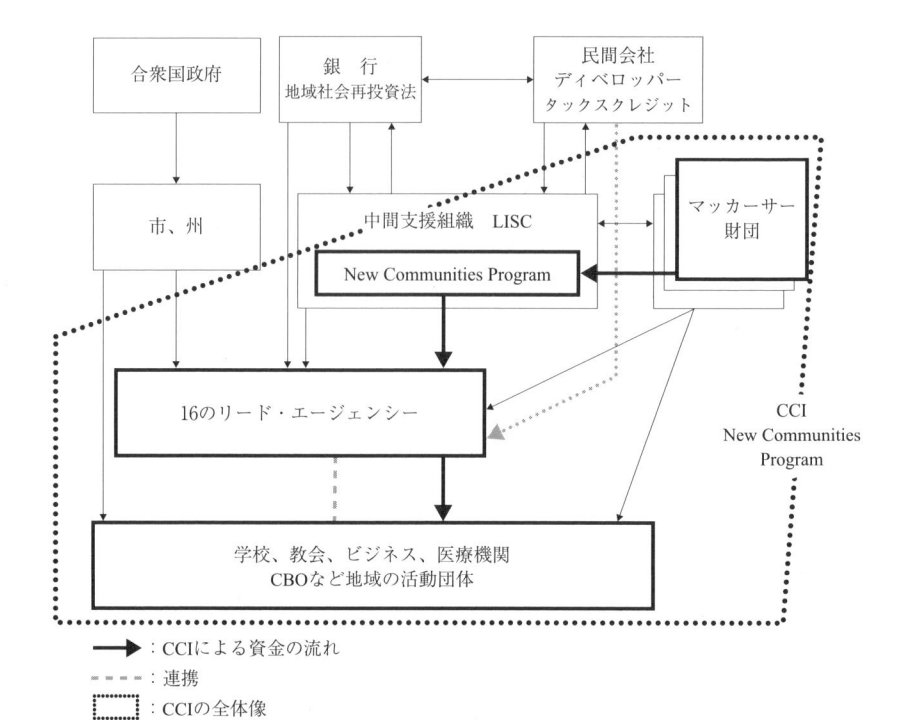

図5-3 CCIの例：NCP（ニュー・コミュニティ・プロジェクト）の仕組み
出典：(仁科 2010a)
*図1-1 をもとに筆者加筆。

特徴であり、この自由度がプログラムの総合性を確保するために重要である。特に、人件費にも使える助成であることは、専任の2人のスタッフを雇用し事業を推進することに貢献している。このような財源や資金の自由度は、総合的な開発を実現するうえでは大きな原動力となる。どの近隣地域に資金を投入するかは、民間資金の性格上、中間支援法人の独自の判断に任されている。マッカーサー財団から得た資金によって、シカゴのNCPが推進されていく中で、派生的に、州、市、他の助成財団、金融機関などからも補助金やローンを獲得している。このように一旦開発が進み始めると資金が流入するようになる。

　CCIsはコミュニティ開発法人の役割にも変化をもたらした。コミュニティ

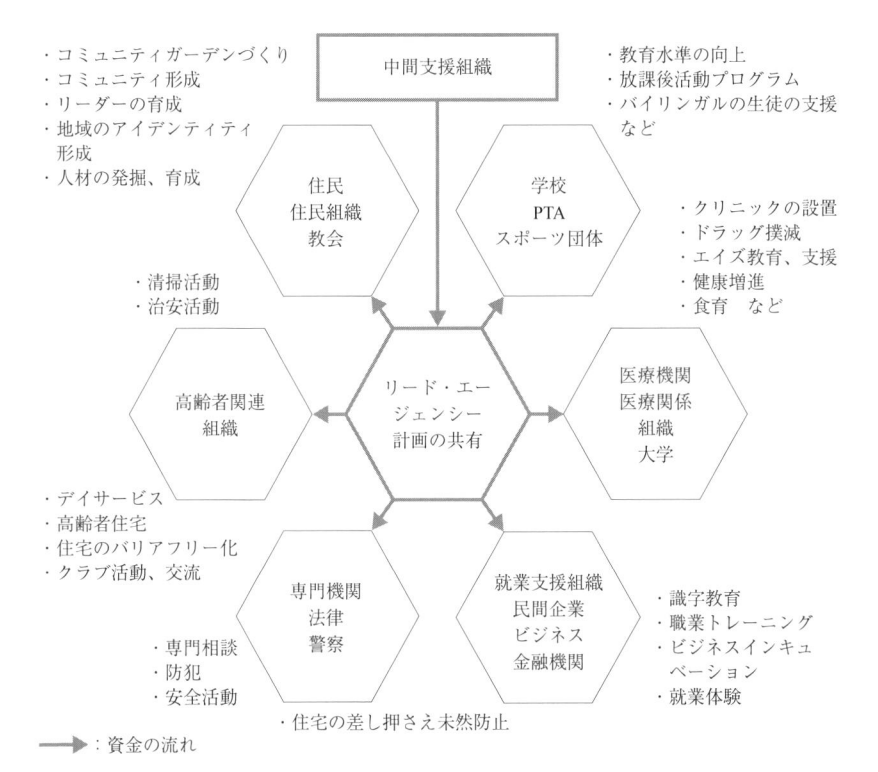

5章　シカゴの事例からみた包括的コミュニティ開発の特性　　107

図 5-4　コミュニティ開発法人を核とした CCIs による資金の流れと事業展開
*筆者作成。
出典：（仁科 2010a）

開発法人とは主に、住宅開発を中心に地域の開発を担ってきた組織でありCDC とも呼ばれている。コミュニティ開発法人は、プログラムの推進主体であると同時に、各近隣地域における中間支援組織としても機能し、資金の受け皿となってこれを他の組織に対して配分するようになっている。中間支援組織から投入された資金は、一旦リード・エージェンシーに集められ、連携して事業を実施する他の非営利組織に分配される。図 5-4 に示すように、リード・エージェンシーは、近隣地域における資金の受け皿、すなわち近隣地域レベルでの中間支援組織の役割を担って地域の社会的、経済的開発の中心組織となって活動をしているのである。そして、この資金を十分に生かすための指針となっているのが、先に述べた戦略プランである。

このような財源の確保の方法や民間資金の流れ方は、地方政府が実施するソーシャル・サービスの民間への委託とは異なり、コミュニティの重視と「新たな公的主体」の活躍のための条件の1つとなっている。新しい資金の流れは、税収を再分配する公的資金の流れとは性格を異にしているため、使い道に自由度が確保される。これと同時に、公的資金の配分には、困窮度やその他の条件に応じた公平なルールが存在するが、民間資金ルートには、実効性の高さという別の条件が同時に働く。したがって、荒廃が進んでいる地域でも、優れたリード・エージェンシーを持たない場合には、CCIsによる資金の恩恵は受けにくいということになる。

資金獲得方法をアドバイスすることや、情報提供、プログラムの推進方法に関する技術的支援やコンサルティングなども中間支援法人の役割として重要である。CCRPにおいては、雇用や就業支援などのプログラム実施については、中間支援組織による技術的な支援が提供された。NCPでは、補助金に関する様々な情報や、他のコミュニティ開発法人とのピアミーティング、成功事例の紹介などの情報提供を行っている。情報提供では、各近隣地域での情報を分かりやすく発信するため、カメラマンとライターを雇ってニュースレターとインターネットによる情報提供を行っている。ニュースレターは、近隣地域の住民への情報発信であると同時に、事業に関わる組織やスタッフへの情報発信でもある。

(3) 非営利組織間の連携

チャスキンらは、CCIsの事業推進上のモデルとして次の3つをあげている（Chaskinら 1997）。
1) 発案者、コーディネーターであるが、自らは事業の推進者ではなく、他の新しく作った組織や、連合した組織と共同して推進する
2) 自らが主体となって事業を推進し、時に、他の組織と共同して事業を行うこともある
3) ファシリテーター[10]、補助金の受け入れ先として行動し、すでに地域で

---

10) まちづくりなどの話し合いの場で、助言などをして会をうまく進行させる人。

行動している団体に対して資金を出す

　CCIs のプロジェクトは、近隣地域にかかわる組織が連携することによって進められているが、組織間の連携については、いくつかの種類が考察される。

　これらについて、具体的にみてみると、1つは、リード・エージェンシーとなっているコミュニティ開発法人と専門性の異なる地域の様々な非営利活動団体などとの連携である。図 5-4 に示すように、コミュニティ開発法人は、プログラムの実施にあたって、近隣地域の他の組織とのネットワークや協力関係を構築する柔軟性を備えており、これによって、様々な事業の実施を可能にしている。NCP においても、学校や教会、CBO との連携や協力関係は、事業推進上不可欠である。連携やネットワークがあってこそ、総合的なプログラムの展開が可能になっている。1つの例を挙げると、近年、不況によって、近隣地域では、差し押さえされる住宅が増えている。これに対応して、コミュニティ開発法人は、地域の中での差し押さえの実態を把握するとともに、弁護士組織との連携により無料相談会を実施し、ローンの借り換えなどを支援している。もし、ローンの滞りが失業に起因している場合には、コミュニティ開発法人が、就業支援団体へとつないで支援を行う。このような柔軟、迅速な対応と他組織や専門機関との連携が作れることが CCIs の特徴でもあり、地域密着型の活動を続けてきたコミュニティ開発法人の長所でもある。

　2つ目に、CCIs では、同じプロジェクトに参加しているリード・エージェンシー同士のつながりが生まれる。シカゴ LISC は、NCP において、リード・エージェンシー間の水平的なつながりの構築を支援しており、ピアな関係として、情報交換し、推進方策などを学びあうことが可能である。CCRP では、4つのコミュニティ開発法人が共同して就業支援センターを設立した。このように、地域に活動する組織の水平なネットワークの構築はお互いから学びあう以外に、単独では推進できない事業を実現するための連携をも構築する。

　3つ目には、LISC とリード・エージェンシーとの間には、強固な関係が築かれている。LISC はこのプロジェクトの推進における様々な会議に参加し、事業の進捗やリード・エージェンシー同士の交流、必要に応じた追加資金の

投入、技術的支援などを実施している。
　これらは、近隣地域を活性化するための基本となる関係づくりであり、計画書に掲げられたプログラムを実現するための基盤となっている。

(4) キャパシティ・ビルディング理念及び人材の確保と育成

　貧困な近隣地域における CCIs の基本的な理念は、キャパシティ・ビルディングである。キャパシティ・ビルディングは、近隣地域において就業の場を増やす、問題解決能力を高める、といった地域力を向上することであり、十分に教育を受け働く能力を身につける、生活能力や問題解決能力を高める、人生の可能性を広げる、選択肢を豊かにするといった個人の能力向上をも含めた幅広な意味を持つ。エンパワメントの概念と類似するが、エンパワメントが外から力を与えるという意味を含んでいるのに対して、キャパシティ・ビルディングは内側からの力の創造と自律を重視している。これは、CCIs における鍵概念の1つとなっている。
　プロジェクトの推進に焦点を当てると、助成財団や中間支援組織、コミュニティ開発法人や CBO、学校などコミュニティ開発にかかわる組織における人材の確保と育成が重要である。NCP では、リード・エージェンシーにおいて2人の専任者の雇用を可能にしている。この人材は、重要なキーパーソンとなってプロジェクトを推進しており、資金的にこのような人員確保ができることは、CCIs の特徴でもある。
　教育や職業訓練や就業支援などの推進に力を入れていることも CCIs の特徴である。貧困からの脱出のためには、就業やそのための教育、職業訓練は最重要課題であり、この背景には、福祉から労働へという福祉改革の理念がある。教育は、自立のための必要条件であり、学校教育の改善や充実、アフタースクール活動による青少年の健全な育成も CCIs の事業の特徴である。
　人材の育成と雇用の確保は、地域の活性化や能力開発のための重要なプログラムとして位置づけられている。具体的には、スモールビジネスの起業や就業のために必要なスキルの習得、識字教育、インターンシップ、履歴書の書き方、面接の受け方などを個人に合わせて支援する。シカゴのローガン・スクエアでは、バイリンガルの母親たちがボランティアとして英語が苦手な

子どもの授業を手伝ううち、教師がすぐに転勤してしまって教育の継続性が確保されないことに疑問を持ち、自ら大学に行き、バイリンガルの教師として地域の教壇に立つようになったという例がある。この例をモデルとして、イリノイ州が補助制度を導入し、バイリンガルの教員の養成システムが作られている。地域の人材を育成し、雇用につなげることや、指導的な立場に育て上げることは、地域にとっての資産となる。

近隣地域では、防犯や地域サービス、ストリートの清掃サービスの提供などの住民主導の活動を立ち上げ、推進していくことによって、住民一人ひとりの能力と同時に、コミュニティとして独自のサービス機能や住民同士のコミュニケーション能力を高める試みが進められているのが特徴である。

5.3 計画の実施状況——アーバン・グレシャムを例に——

それでは、ここでCCIsが具体的にどのように、どのような人々によって進められているかについてGACDを例にとってみてみる。

(1) 計画立案から推進までを担うコミュニティー・オーガナイザー

アーバン・グレシャムは、シカゴ南部地域に立地するアフリカ系アメリカ人のコミュニティである。他のコミュニティと同様に1950年代をピークに人口が激減し、現在では高齢化も進んでいる。シカゴは、碁盤の目状の道路網が市全体にめぐっており、南北に走る道路はアベニュー、東西に走る道路にはストリートという名前がついている。このコミュニティのメインストリートである79thストリートの活性化と地域住民のウェルビーイングを目指して、NCPの計画書であるクォリティ・オブ・ライフ・プランが立案されている。このプランでは、年限と主導的に事業を行う組織を決め、戦略的に計画を実行することになっている。アーバン・グレシャムでは、2007年から2011年のこの5年間にどのような結果がもたらされたか検証してみよう。エグゼクティブ・ディレクターのカルロスに電話インタビューした結果によると、35項目のプログラムのうち、30項目がすでに完了しているか継続的に取り組まれていた。残された課題は、多くが都市開発事業や駅の設置など

表 5-5　アーバン・グレシャム地区の戦略プラン達成状況（計画期間 2006-2012 年）

カテゴリー	事　業	実施組織	2012年9月の現状
ビジネス	79thストリートにスペシャル・サービス・エリアの設置	GADC	○
	商工会組織を作る	GADC+17選挙区	
	ビジネスインキュベーション・プログラムの構築	ハルハウス	○
	若者の働く場づくり	ERC	○
	TIFエリアの拡大	17選挙区、DPD	○
出版	住宅ストックの質、アフォーダビリティ、歴史に関する広報	NHS	○
	地域の学校の成功と教育機会について	CPS、St.Sabina、Leo High School	□
	コミュニティ・サービスとイベントに関する情報とともに地域のビジネス・プロモーション	GADC	○
収入に合わせた住宅供給	住宅再生をオーナーに促す	NHS/AGE、HCBA、GADC、DOH	
	空家再生のモデル地域を設定	GADC、民間開発者	○
	シニア向け住宅の建設	GADC、民間開発者	○
	多様な住宅供給	GADC、NHS	○
	差し押さえに瀕している住宅所有者の救済	NHS	○
	元公営住宅居住者の住み替え促進	GADC、CPS	○
街路	79thの再生計画	GADC、DPT	○
	商業と専門的職業の開発	GADC、17選挙区	□
	ファサードデザイン整備	GADC、商業者	○
	活用されていない商業群の再生スタディ	GADC	○
環境	ラグーンのある公園	GADC、DPD、17th	
	メトロ駅の誘致	GADC、METRA	
	緑地と新規住宅開発	Qest Development	
	商業開発	17th、GADC	
教育の改善	生涯教育	CPS、17th、Youthnet	○
	地域のニーズに合った教育の開発	STOP、Youthnet	○
	幼児から成人までの教育	Eyas Daycare、SOS、Council of Churches	□
健康、ソーシャル・サービス、就業	健康サービス、健康情報の発信	GACD	□
	アーバン・グレシャム健康センター設立	GADC	□
	地域安全、犯罪防止	Youthnet、St Sabina、6thpolice、住民	□
	犯罪防止プログラムへの参加者増加	6thpolice、住民	○
	新しい手段による地域交流	GADC	○
	ワーキングファミリーセンターの設置	ERC	○
オープンスペース	サーグッド・マーシャル図書館の利用向上	GADC	○
	芸術文化系プログラムの開発	GADC、図書館	○
	ブロッククラブによる地域美化	GADC	○
	オープンスペース整備	GADC、CO	○

ヒアリングと資料より筆者作成。
○：完了　　□：継続中　　空白は未着手

5章　シカゴの事例からみた包括的コミュニティ開発の特性　113

写真 5-1 GADCのコミュニティ・オーガナイザー左カルロス、右アーネスト

写真 5-2 アーバン・グレシャム79thストリートのフェスティバル

大規模公共事業である。商工会の設置はすでに別の組織が存在していたため計画自体を見送った（表 5-5）。

　アーバン・グレシャムのリード・エージェンシーであるGADCは、2008年3月に訪れた際には、40㎡ほどのオフィスで4人ほどの職員が机を並べていた。そして、ちょうどパースペクティブ・スクールでのクリニック設置工事が行われているところだった。2003年、カルロスは、エンジニアとしての前職を辞して、故郷であるアーバン・グレシャムのコミュニティ・オーガナイザーとして戻ってきた。住宅開発やコミュニティ・アクティビストとしての経験を買われ、エグゼクティブ・ディレクターの地位に就いた。LISCからの資金は、プロジェクト推進のため人件費を含んで支給されており、優秀な民間企業からの転職者を受け入れるだけの余裕があった。

　さらに、シカゴ市において経済開発とアーバン・プランナーとして職についていたシェリルが雇用され、その後2006年にはアーネストがやってきた。アーネストは、近隣のイングルウッドの出身で、高校時代はカトリックの司祭になろうと神学系の学校に通ったこともあったほどの熱心なカトリック信者で、今もアーバン・グレシャムにあるセント・サバイナ教会に通っている。アーネストは、一流民間企業の物流部門で働いていたが、NCPからの補助金によってディレクターとして雇用された。高いコミュニケーション能力と推進力を持つ。

　2006年にNCP事業がスタートした時には、GACDの正規の雇用者は、4人

写真 5-3 雇用者が 4 人だったころの狭いオフィス、大学に通いながらパートタイムをしていたころのアローラと右：アーネスト

写真 5-4 地域美化事業の責任者ニュカーク

でオフィスは 50㎡ ほどだった。しかし、現在は正規の雇用者が 15 人、パートタイムが 15 人となり、3 倍ほどの広さのオフィスに 2010 年に移転した 2006 年以降、まず、エレベイト事業で新しく心理学の修士号を持ったテニシアが雇用された。彼女は、教育関係の事業や新規のプロジェクトにかかわる中心人物である。

2008 年当時、2 歳の男の子を持つシングルマザーとして大学に通いながらパートタイムで受け付けをしていたアローラは無事大学を卒業し、フルタイムの雇用者として犯罪防止関係のプロジェクトを一手に引き受けている。

美化事業の中心人物であるニュカーク、彼のもとには 10 名を超えるパートタイマーが配置されており、地域の美化に励んでいる。次に、モトローラーからの転職者であるノーマが地域に無償の無線ランを整備する事業の補助金で雇用された。さらに、イリノイ州立大学の実習生受け入れのためのコーディネーター、就業支援事業としてパソコン教室のクラスを教える指導員などの新人材がプロジェクトベースで雇用されている。

こうして、事業の成功と同時に、様々な新規事業と補助金を得ることになった GADC は組織としての基盤と能力を固めて成長してきた。

2012 年までには戦略プランのうち約 8 割が着手、推進中、あるいは終了した（表 5-5）。

しかし、2012 年に NCP の補助金が切れると残念なことが起こった。ディレクターとして NCP を中心になって動かしてきたアーネストが、人件費が

写真 5-5　エコノミック・ディベロップメントの成果としてのカフェ

写真 5-6　アーバン・グレシャムに建設されたシニア向け住宅

なくなったために退職せざるを得なくなった。彼の給与は、日本のサラリーマンの平均をはるかに上回る金額だった。したがって、補助金がなくなると同じ金額で雇用できなくなってしまったのである。少々バーンアウト気味でもあった彼は NCP の終了の日まで GADC にとどまったが、その後コンピューターネットワーク業界に転職した。補助金には年限がある。したがって多くのコミュニティ・オーガナイザーはこのようなリスクを抱えながら働いている。しかし、このような雇用の不安定は、この業界に限ったことではなく、アメリカの労働市場全体が流動的なのも確かである。

5.4 包括的コミュニティ開発の課題

　物的な開発を専門とする主体が中心となって行う事業であっても、近隣地域における他の活動団体や住民が計画段階から参加していくことによって、多様な分野にわたる具体的かつ、実現性の高い計画の立案が可能であることが明らかになった。また、地域の活動組織の横のつながりが、社会的、経済的な事業を含めた多様かつ一体的な事業展開が可能になることを示した。
　本章は、コミュニティ開発法人というアメリカの貧困地域における非営利の住宅供給主体が、地域の社会的、経済的開発をも担うことになる1つの原動力としての CCIs の特徴について研究したものである。資金の流れを考察することによって、多様かつ用途の限定がない資金の効果と同時に、民間資

金が開発の柔軟性を高め、しかし、その自由度の高さゆえに、地域による資金分配に濃淡が生じる可能性が明らかになった。このことは、すなわち、貧困という社会的課題を民間資金によって解決する場合に、民間資金の比率が高くなればなるほど、地域格差を生む可能性があるという危険性を示唆している。

　これと同時に、タックスクレジットのような市場を活用した資金の調達制度や、住宅供給のような市場原理に基づく事業は、景気や経済状況の影響を受けやすく、不況下にあっては、非営利組織の活動も低下せざるを得ない（第1章参照）。

　これらのことは、今後、コミュニティにおいて活動する非営利組織のあり方を考えるうえでの1つの課題である。

6章
学校と近隣地域再生

6.1 学校と地域再生を研究する意義

(1) 研究の背景

　アメリカの大都市中心部の学校の荒廃は深刻である。学校は地域で運営されるという性格が強いため、地域の経済状況や人々の状況が如実に反映される。NCPの対象地域では、失業者や公的扶助を受給する家庭も多く、家族のだれも働いていない状況のため、身近な大人の中に労働によって自分や家庭、そして社会を支える担い手となるという役割モデルを見出すことができない子どもたちも多い。そういった子どもたちにとって教育や学校は、貧困から抜け出すための手段やステップとしてより重要な意味を持っている。しかしながら、このような家庭の子どもほど不登校になる割合や、たとえ学校に通っても成績が不振であったりする割合が高いことをジェンクスらが指摘している（Jencksら 1989）。

　このような状況に対応するためにも、包括的近隣地域開発の中では、教育や子どもの問題に取り組む意義がある。

　前章までに紹介したシカゴNCPの対象地域のうち5つの地域では、地域内の公立学校を中心として包括的な開発に取り組んでいる。各校には、フルタイムのコミュニティ・オーガナイザーが配置され、子ども、家庭、地域におけるウェルビーイングを高めるために様々な取り組みを推進している。

　地域の公立学校と近隣地域の再生との関係の重要性は、古くからアメリカ、日本の両国において実践の中で知られている。多くの公立学校が学校のある地域を通学域とする学校区によって分割されていることから、公立学校は、

地域の中心に立地し、地域の貧しさや豊かさ、文化や人種、児童、生徒の学力、暴力や犯罪など地域のあらゆる特徴を反映する。

小学校を地域の中心に配置する近隣住区論[11]（第1章コミュニティセンター運動を参照）を打ち立てたクラレンス・A・ペリーは、都市計画家である以前に、コロンビア大学において社会福祉や教育を学びニューヨーク州ロチェスターを中心にコミュニティ・センター運動にかかわっていた社会運動家であり、実践者であった（Perry A. 1929）。わが国の歴史においても、方面委員制度、社会福祉協議会による小地域活動[12]など、小学校区を単位とした取り組みが実施されてきたことをみると学校区や学校を中心とした取り組みの有効性は実践の中で広く認識されてきたといえる。また、広井は日本において、2007年5月に全国調査を実施し、行政の担当者に「コミュニティの中心」として特に重要な場所はどこかを問うたところ、第1位は「学校」であったとしている（広井2009）。学校を中心とした近隣地域開発は、日米両国において重要な分野である。学校や学校区を中心とした取り組みは、歴史的にも実践的にも、近隣地域開発の1つの手法として使われてきており、CCIsの中でもいくつかのコミュニティが、実践を行っている。また、ジョージア州アトランタ市では、中間支援組織のエンタープライズが積極的に、学

---

11) 近隣住区のアイディアは、C・ペリーが発表した『近隣住区論』（The neighborhood unit）で初めて体系化された。近隣住区の原則とは次のようなものである。以下同書より抜粋。
　1. 規模　通常、小学校が1校必要な人口に対して住宅を供給するものであり、その実際の規模は人口密度に依存する。
　2. 境界、住区は幹線道路で周囲をすべて取り囲み、歩車分離の原則に則っている
　3. オープンスペース、公共施設用地、店舗などを住区内に適切に配置する。
　代表的な例として、このような考えの下、ニュージャージー州のラドバーンが計画され現存している。この考え方は、日本のニュータウン計画に大きな影響を与えた。
12) 小地域活動について沢田は次のように述べている「京都市上京区では、明治維新の際に、住民が地域ごとに64の小学校を作り、これが、今日でも地域共同体の基になり、今日まで続いている。小学校は、児童の教育・保健、住民の社会教育、集会所、行政事務会所、防火、警察の駐屯など、まさに住民生活の縮図であり地域生活の拠点であった。この学区制をもとに自治活動組織が育ち、コミュニティのひろがりを見せた」このような歴史的な基盤の上に、「学区社会福祉協議会はその結成にあっては、いわゆる福祉との関係が濃いとされる団体（民生委員会、共同募金会、日赤奉仕団、婦人会など）を中心に構成されている」（沢田1991）

校を中心とした包括的開発を実施して成果を上げている。

(2) 研究の意義と目的

　学校を中心とした近隣再生、特に地域のキャパシティ・ビルディングの有効性は実践的には知られてきたが、これまでに社会福祉方法論としては具体的には研究されきていない。近年、わが国においても学校ソーシャルワークが普及してきているが、学校ソーシャルワークとここでいう学校を中心としたキャパシティ・ビルディングでは対象が異なる。学校ソーシャルワークは、学校を中心として特に生徒とその家庭を中心に対象が設定されているのに対して、キャパシティ・ビルディングは生徒を含む地域を対象としている。また、前者の重心が問題解決であるのに対して、後者ではキャパシティの構築にある。

　本研究では、シカゴ市に立地する社会的、経済的に不利な状況にある近隣地域において、学校を中心とした地域再生の取り組みが、どのような方法や仕組みによって進められているかを明らかにする。

6.2 先行研究

　学校を中心としたコミュニティ開発に関する先行研究は、ワラン（Warren）によるものがあり、全米における学校を中心とした近隣開発の事例を分析し、地域と学校を一体的に開発することの有効性と地域と学校の連携の方策について言及している。

　ワランは、長い間コミュニティをエンパワメント（ワランの言葉のまま）し、地域を再生するものが何かを探ってきたが、そのうちの1つが学校と近隣再生をつなぐことであると考えた。近隣再生の歴史を振り返ってみるとその2つは、長い間別々の道を歩み、一緒になることを試みてこなかった（Warren, 1995）と指摘し、近隣地域再生と学校との関係について次のように述べている。

　「教育は、子どもたちの将来にとって極めて重要になってきている。20、30年前には高校の卒業が中間所得者層へとつながる道を開いてきたが今で

はそうはいかない。近隣地域再生の観点から言うと、もし、地域の教育水準が低ければ、教育熱心な家族はもっと良い教育を子どもが受けられる環境へと出て行ってしまうだろう。そしてさらに、もし、地域の経済的問題、住宅、仕事といった領域に無関心であったならば、学校の改善にいくら力を入れても全く意味をなさない」と述べている（Warren, 1995）。そしてさらに、学校と近隣地域再生を結び付けるものは、ソーシャル・キャピタルと重要な関係があるとし、その例として、「学校と家庭を結び付けるうえで、生徒を通じて手紙を送ることはあまり有効ではない。すでに困った状態にある家庭であるならば、なおさら手紙だけで親を学校に引き寄せることは難しく、むしろ知り合いが直接声をかけることがより有効」であることを指摘している（Warren, 1995）。さらに、ワランの事例分析によると、学校と近隣地域再生を結び付けるためのアプローチの方法は3つあるとしている。1つは、ローガンスクエア・ネイバーフッド・アソシエーション[13]（Logan Square Neighborhood Association、LSNA と省略）のような、コミュニティ・オーガニゼーションによるアプローチ、2つ目は、健康サービス、アフタースクール・プログラム、成人教育の場などについて、学校を1つのサービス提供機関とする方法、そして3つ目は、コミュニティ・オーガニゼーション自体が、チャータースクールを始めるというものである[14]。

ロサンゼルス（Los Angeles）の近隣開発組織において、コミュニティ・オーガナイザーとして、持ち家の普及に携わってきた経験を持ち、さらに学校を中心とした近隣開発にも携わってきたチャング（Chung）は、ハーバー

---

[13] ローガンスクエア・ネイバーフッド・アソシエーションは1960年代に住民運動組織として設立された歴史のある組織である。新規に流入した移民の多い地域であるため地域の高等学校では言葉の問題から学習についていけない生徒がいる。これに対して地域住民が授業に参加して生徒の学習を手伝うプログラムや、アフタースクール・プログラムなどを通じて学校を核とした事業を展開している。

[14] ロサンゼルスの The Camino Nuevo Charter Academy は、よい例である。この学校は、Pueblo Nuevo Development（以降 PND）という非営利組織が、貧しい移民が多く居住する MacArthur Park 地域で教育事業に乗り出し設立した。PND によって地域の荒廃した建物が再利用されて学校として使用されるようになった。いくつかのフィランソロピーから資金提供を受け、当初、地域の小さな荒廃したショッピングセンターから学校の運営を始めたが、今では複数の建物を所有しプロパティ・マネジメントを実施している。

ド大学（Joint Center For Housing Studies of Harvard University）において、きわめて実践的な研究を行って次のように述べている。

「公立学校と地域とのつながりを強化することは、公立学校にとっての利点であるばかりでなく、近隣地域再生への利点であるともいえる。アメリカの都心の学校は、最も高率な生徒の移動や、教員の労働移動率、建物の荒廃、最も低い学業成績レベルを示しており、このことがますます地域の衰退につながっている。コミュニティ・ディベロッパーやオーガナイザーは、まずは関係づくりをすることが必要である。近隣コミュニティと学校との関係の強化、開発方針の立案、異なる利害関係者間の関係構築、基金や寄付の可能性を高める技術的支援、包括的な開発戦略への他の資源開発などを推進することが、学校を中心とした開発への手始めである」とし、公立学校と近隣地域再生の接点を見出し、マクロな視点からその共同性について、住宅事業との連携、包括的開発における事業の共同性、近隣地域によって使用されていない建物を学校施設としての再生、近隣地域のビジネスとの連携によって、生徒の就職や職業訓練につなげるなどの事業の可能性に言及した（Chung, 2002）。

両者は、いずれも近隣再生事業と学校の連携について肯定的であり、その事業上の連携方策について述べているが、それらのプロジェクトにおいて事業にかかわった人々がどのような役割を果たし、近隣再生と学校が結びついていったのかといった具体的な内容については言及していない。

本章では、各プロジェクトについて分析し、より具体的に学校を中心とした地域再生についてその特性と方法を明らかにする。

6.3 研究対象と方法

(1) 研究対象

研究は、シカゴ市内において学校を中心とした近隣地域再生に取り組んでいるエイムス（Ames）校、マーケット（Marquette）校、オロスコ（Orozco）校、パースペクティブ（Perspective）校、リーバイス（Reavice）校の5校を

対象とした。これらの学校と地域の基本的な位置づけと概要は、表6-1に示す。これらの5校は、エレベイト事業と呼ばれている貧しい地域での生徒の学業パフォーマンスを向上するためのプロジェクトの対象校となっている。

(2) エレベイト[15] 事業

1970年代以降、郊外住宅地の開発によって中産階級が都市の中心部から郊外へと移動し、大都市の中心部の空洞化が進むと同時に、これが教育の格差にも反映された。アメリカの大都市の中心部の荒廃は、学力、教育の機会、教育の質の格差をもたらし、この国が抱える貧困や人種問題を象徴する事象の1つとなっている。

アトランティック・フィランソロピー財団[16] は、主に教育などに焦点を絞った助成を実施していることで知られている合衆国の有数の助成財団の1つである。

エレベイト事業は、特に中学年（日本の中学生レベル）に焦点を絞って、柔軟かつフルサービスのコミュニティ・スクール・モデルとして運営される。全米では、2007年に事業が開始され、貧しい地域が多い大都市を中心にモデル校を抽出して事業が実施された。ボルチモア市（メリーランド州）、ニューメキシコ州、シカゴ市（イリノイ州）、オークランド（カリフォルニア州）の4地域各5校が対象である。

このプロジェクトには、低所得者地域の若者に関する過去の様々な研究結果に基づき、生徒の学業の達成や成功に結び付くとされた様々な要素が盛り込んである。たとえば、カプラン（Kaplan, 1999）らが行った「学校においてクリニックを利用する生徒の家庭は日常生活において救急医療施設を利用することが格段に少ない」とする結果（Kaplan, 1999）や、「ハイリスクな学生の中でも学校クリニックの利用者は中退者が少なく卒業する可能性が高い。」（McCord, 1993）、「学校において実施された時間外教育への参加者は、宿題を

---

15) Elev8。
16) アトランティック財団は、C. フィーニー（C. Feeney）が、デューティーフリーショップを発案し、これによって築いた富を基に設立したものである。社会的弱者のための社会後見活動を行うことを目的に1984年に設立された。

よくこなし、これと同時にいくつかのケースでは、より高い成績を修めた」（Kane, 2004）、「アフタースクール・プログラムにおいて、社会関係を構築するためのスキルを習得した生徒は高校進学の率が高い」（Durlak, 2007）といった研究の結果に基づきプログラムを組み立てている。このプログラムは柔軟であり、各地域のニーズによって変化するため、すべての学校で実施している事業はそれぞれ特徴を持っている。

このような事業が実施されることになった背景には、マイノリティグループにおいては卒業率が低迷しているという背景がある。統計[17]によると2010年にラテン系で高校を卒業したものは55.5％、アフリカ系アメリカ人では53.7％、ネイティヴ・アメリカンでは50.7％であった。これに対して、アジア系は80.7％、白人は76.6％であった。実際にアメリカ合衆国の高校卒業者の割合は、1970年代にピークに達して以降下がり続けているのである。人種間の格差も大きい。この要因は、貧困と移民の増加であると考えられ深刻に捉えられている。

エレベイトは、英語の"elevate"（高める、揚げる、向上させる）と日本の中学2年生にあたる第8学年（8th grade、中学の最終学年）を合わせた造語で、このプロジェクトの中身を象徴する。教育は、貧困からの脱出の1つの重要な手段であると考えられており、このプロジェクトでは、高等教育への橋渡しが1つの大きな目的とされ、次のような実施目標が立てられている。

・放課後、週末、夏季においても学校活動を展開する
・各学校に思春期に焦点をあてたヘルスケアセンターを設置する
・ソーシャルサポートによって経済的、精神的に高校への進学を推進する
・両親、コミュニティ・リーダーに変革やアドボカシーへの参画を促す
・他の学校や地域や合衆国全体の包括的なプログラムについて政策的な支援をする

（3）研究方法

2009年12月、2010年3月の2回、関係者に対するインタビュー調査を行

---

[17] "Graduation by the Numbers," Education Week, June 2, 2010
http://www.edweek.org/media/ew/dc/2010/DC10_PressKit_FINAL.pdf

い資料及びデータを収集し、2010年9月、及び12月にフォローアップ調査を実施した。エレベイト事業の対象となっているシカゴ市内の5つの学校のコミュニティ・オーガナイザー及び、近隣開発のリード・エージェンシーの関係者、学校関係者へのインタビューを実施した。これらの調査は録音し、これを書き起こして文書化したうえで、取り組みの内容と方法について分析した。

6.4 シカゴ市におけるエレベイト事業の取り組み

シカゴ市において、このプロジェクトを推進しているのは、Local Initiatives Support Corporation Chicago（LISC Chicago）である。助成財団は、LISCの協力により地域と学校を選定した。前述した5校は、アトランティック・フィランソロピー財団が1,800万ドルの財源を投入したエレベイトと呼ばれるプロジェクトの対象となっている。LISCは、地域の非営利組織をよく知っており、このような活動を行う能力を持っている組織を抽出することができる。2007年、この事業を推進するにあたって、いくつかの非営利組織に対してプロポーザルの依頼を行い、助成財団、医療関係者、シカゴ市の健康、青少年関連部局、他の団体、金融機関などが集まって委員会を結成し、取り組みの内容を検討するとともに、対象とする学校を抽出するために検討とインタビュー、学校の実地調査を行った。この結果、表6-1の5校が選択された。これらの地域は、同時にLISCのコーディネートによるニュー・コミュニティ・プロジェクト（New Community Project 以降 NCP）による包括的コミュニティ開発の対象地域でもある（仁科2010a, b）。このように、LISCは、全米組織である財団から資金提供を受け、市内のどの地域に対して投資を行っていくかを選択し、決定に深くかかわる位置づけにある。

(1) 取り組みの内容

表6-1は、各学校での取り組みの実態を把握した結果をまとめたものである。各学校で共通して実施している項目は、ソーシャルワーク・プログラム、医療プログラム、健康プログラム、アフタースクール・プログラムの4つで

ある。

①ソーシャルワーク・プログラム
　各校には、ソーシャルワーカー2名が配置され、生徒の家族や家庭の持つニーズを把握し、必要なサービスにつなげている。高校進学に必要な経済力を親に持たせることが目的である。通常の学校ソーシャルワーカー以外に、ワーキングファミリーセンター（Center for Working Family、以降CWF）から派遣されている低所得の家庭がより収入を安定させるために様々なサポートを行うことを目的とした別のソーシャルワーカーが配置され、生徒の両親を中心にサポートを行っている。CWFは、ケイシー財団（Casey Foundation）による資金提供を受け、市内10か所に拠点を設置している。この取り組みは、低所得労働者世帯をターゲットとしており、より収入を安定させ、さらにはそれを増やすためのアドバイスやサポートを行っている。マーケット校では、メトロポリタン・ファミリー・サービス（Metropolitan Family Service）[18]という機関と連携してソーシャルワーカーやカウンセラーを派遣し、社会的、心理的対応を行っている。
　CWFは、まさに、「福祉から就業へ」の理念を追及しているソーシャルワーク機関である。ソーシャルワーカーは、生徒の親や生徒自身の持つ、経済的問題を中心に相談を実施しており、進学のための資金の獲得などについても支援を行う。
　各校には、個別の相談室または相談スペースが設置され、プライベートな空間で相談を行える体制になっている。
　このプロジェクトでは、人材派遣のランニングコストも事業に含まれている。アメリカの事業の共通点として人件費とハード面の整備はパッケージ化されている。

②医療プログラム
　各校にはクリニックが設置されている。空き教室の転用などスペースは各

18）1857年に設立された伝統ある民間組織。

表6-1 エレベイト事業の

学校（地域名）〈NCP推進組織名〉	対象人数	ソーシャルワークプログラム	医療プログラム	健康プログラム	アフタースクールプログラム
エイムス校（ローガンスクエア）〈Logan Square Neighborhood Association〉	820	CWFソーシャルワーカー2名カウンセラー1名	Amesは、別の専門組織と共同して様々な年齢の女性に対する性教育を実施	野菜が多く摂取できる無料のランチを提供母親のための栄養教室	メキシカン・アート、音楽、ダンスをはじめとする約30のプログラムを運営
マーケット校（シカゴ・ローン）〈South West Organizing Project〉	600	Metropolitan Family Serviceと学校ソーシャルワーカーによる社会的、心理的問題への対応ソーシャルワーカー2名カウンセラー1名	パートタイムの医師、常駐の看護師によって運営されているクリニックを校内に設置健診、健康相談予防接種、カウンセリング歯科検診車の派遣このプログラムに関しては予算の関係上、あまり差がなく、診療室の設計もよく似ているOrozcoはこれに加えて、外部組織とともに医療分野での職業選択に興味を持てるようなプログラムを開発	野菜作り、料理教室	アート、自転車教室、一輪車、スポーツ、植物の育成など約15種類のプログラムを運営
オロスコ校（ピルセン）〈The Resurrection Project〉	775	CWSソーシャルワーカー2名カウンセラー1名		親子での料理教室や健康的な食生活のためのレシピの配布や料理教室の開催	アート、人形づくり、ダンス、音楽、菜園作り、バストリップなど約20のプログラムを運営
パースペクティブス校（アーバン・グレシャム）〈Greater Auburn Gresham Development Corporation〉	500	CWFソーシャルワーカー2名カウンセラー1名		野菜、フルーツを多く用意し、野菜を摂取する食事を指導。食堂からソーダ類を撤去	タイルペイント、武道、スポーツ、ダンスなど約20種類のプログラムを運営
リーバイス校（Douglas, Grand Boulevard, North Kenwood-Oaklandの複合コミュニティ）〈Quad Community Development Corporation〉	160	CWFソーシャルワーカー2名カウンセラー1名		料理教室、野菜作り、水を飲むことを推奨。壁に健康目標などを展示料理のレシピを配布	アート、料理教室、菜園作り、壁画作り、バストリップなど30種類のプログラムを運営

CWF：Center for Working Family は、低所得の家庭が収入を増加し、あるいは安定させるためにブランチを設置している。
この組織に所属するワーカーが学校へ出向いて保護者と面談の機会を設けている。（インタビュー

プログラムの概要

特徴	地域とのつながり
芸術、健康、料理教室、ダンス、メンタリング、リーダーシップを育てる、バスツアー、バイリンガルの親が教師のアシスタントをする、ESL、コンピューター、ヨガ、「コーヒーと会話」（母親の参加）など保護者の参加を積極的に促す取り組みが多い。ペアレントメンター事業 1980年代よりCOが地域の教育環境を高めることに力を入れている CDCとの共同で住宅を建設しこれを教員、警察官など地域に貢献できる人材に有利な条件で販売をする事業を実施	・エスニシティの重視 ・親の参加 ・親のエンパワメント ・支援の拡大 ・ネットワーク ・地域課題への対応
他の地域と比較してギャング、暴力などの問題が地域の問題として認識されており生徒が銃弾に当たって死亡する事件があった 児童数が増え、教室が足りない状況、今後増築される予定 成人教育の場として開かれている（150人に対して毎週一回の何らかの教室） ヒスパニック、アフリカン・アメリカン、アラブなどの混合コミュニティが学校はヒスパニックが60％ 主に住宅や都市計画にかかわるCDCと地域の社会サービスを担うCBOが共同してプロジェクトを推進 ペアレントメンター事業 学校でのボランティアをきっかけに高校に行きなおした母親もいるなど学校への参加が家族の生活をも変化させている	・エスニシティの重視 ・親の参加 ・親のエンパワメント ・ネットワーク ・地域課題への対応
食事会、お祭り、健診、エアロビ、バストリップなど家族を含めた取り組みが多い料理教室、ブーケづくり、人形作りなど家族、特に母親を一緒に巻き込んだ行事が多く企画されている 母親たちの会話ではスペイン語が主に使われている（英語は不得意） 保護者がお茶を飲み集まる部屋が用意されている 母親たちが制作した人形がショーケースに入れられて学校を飾っている アフタースクールプログラムは、ヒスパニック系の文化を継承するものが多い 校長がプロジェクトに対してきわめて積極的かつ協力的	・エスニシティの重視 ・親の参加 ・インフォーマルな集まりで知り合いが増えていく（社会資源の増加） ・外部組織との連携 ・非営利組織間ネットワーク
チャータースクール 廃校となったシカゴ市立の高等学校の校舎を使って設立された学校で、チャータースクールの運営者は地域の住民が決めた 学校は独自の「規律ある生活」のためのルール（他人を敬う、時間を守るなど）を持っており、これらは、教員やそのほかの職員にも要求される チームに分かれて大学のリサーチを実施（進学への意思を育てる） 自己責任を育てる、進学目標を立てる、他人との関係構築など目標を重視した取り組みが特徴である 学校は制服があり、積極的な学力向上と目標達成のための支援が実施されている	・地域で運営する学校 ・コミュニティ・オーガニゼーションとの強い連携 ・非営利組織間ネットワーク
チアリーダー、自転車、一輪車、菜園づくり、壁画、ステンドグラスづくり、劇、ヒップホップダンス、シスターfor Science、スポーツ、読書会、サマーキャンプなど豊かなアフタースクールプログラムが特徴 校長がプロジェクトに対してきわめて積極的かつ協力的 両親に活動内容を知らせるために、夜の行事やバストリップを多く開催 プログラム運営者の中には、アフタースクール運営の経験者がいる	・地域住民が講師 ・親の参加 ・ディレクターの特性 ・エスニシティの重視 ・非営利組織間ネットワーク

様々なサポートを行うことを目的にCasey Foundationによる財源提供を受け、シカゴ市内10か所調査をもとに筆者作成）

校で異なるが、デザイン、カーラーなども共通しており診察台のある個室の診察室が設けられている。医師は、パートタイム、看護師は常駐である。ここでは、健康診断、予防接種、カウンセリングなどが行われる。歯科検診車を派遣するプログラムも各校共通である。

このほか、カウンセラーによる相談を受け付けており、実際にはこの利用が最も多いことが会議録に報告されている。このプログラムによって、すべての対象校の生徒が、健康に関するサービス、歯科検診、必要な心理相談を受けられるだけでなく、地域の住民もクリニックの利用が可能となった。

これに加えて、Ames校では、シカゴ女性健康センター（Chicago Women's Health Center）と共同してあらゆる年齢の女性の総合健康相談に対応する取り組みを行っている。また、Orozco校では、医療分野における職業選択に興味を持たせるための取り組みが、医療機関と連携して実施された。

③健康プログラム

健康維持管理のため、食育やスポーツへの参加を中心とした健康プログラムが実施されている。このプログラムでは、学校によっては野菜や果物を多く摂取できる無料の昼食を提供することや、料理教室などを開催して、栄養のバランスの良い調理や食事の仕方を子どもたちに伝えている。また、健康的な食生活のための注意事項やレシピを配布し、母親たちのための料理教室を開催するなど、各校により取り組みは様々である。

この健康プログラムは、家族からの反応がよいプログラムの1つである。アメリカの健康問題の1つには肥満がある。肥満解消のため、ソーダ類は学校の自動販売機からは撤去され、代わりに水を飲むキャンペーンが行われている。また、複数の学校で親を含めて調理法を学ぶ講座やレシピの配布などが行われている。調査の中では、「配布された注意事項とレシピを使って、家族全員が体重を減らすことに成功した」との声も聞かれた。生徒が家に持ち帰る情報には、必ず英語とスペイン語を併記し、移民の家族に配慮をしている。移民が多い地域では、英語を話せない、アメリカで学校教育を受けていない、といった保護者も多い。学校からの情報や取り組みが家族を社会につなげていく1つの窓口にもなっている。このような取り組みは、ワランが

6章 学校と近隣地域再生　　129

写真6-1 オロスコ校のアフタースクール・プログラムで民族ダンスを練習する子どもたち

写真6-2 パースペクティブ校の食堂のサラダバー

写真6-3 オロスコ校で楽器演奏する子どもたち

写真6-4 リーバイス校のアフタースクールで調理されたマカロニ・チーズ。ブロッコリーを添えている

指摘するソーシャル・キャピタルの観点からも重要である（Warren, 1995）。

④アフタースクール・プログラム

　各校では、生徒が自由に参加できる15〜30のプログラムを非営利組織や講師を招いて実施している。その内容は、芸術、文化、スポーツ、園芸、バスツアーなど多様である。ヒスパニック系の地域に立地する学校では、家族が参加できるプログラムを多く企画している。

　芸術系、スポーツ、食育、バス旅行などをはじめとする多くのメニューが用意されているが、これらは、外部の専門家や組織、地域の芸術家たちを学

校に招き入れることによって実現している。

(2) 運営の仕組み

それでは、学校を中心とした事業はどのように運営され、地域再生とつながっているのだろうか。ここで1つの事例を取り上げてこの点を考察してみる。

アーバン・グレシャムでは、2009年3月、地域内に立地するパースペクティブ・チャータースクール（中学校）とリード・エージェンシーであるGADCが共同して、生徒や地域住民の健康のためのプロジェクトが始まった。この計画の初期段階では、医師とコミュニティ・オーガナイザーが協同してプログラムの整備にあたった。この中学校は、もともとシカゴ市立の高等学校であったが、市が学校事業から撤退したために、高校、技術高校、中学校3校が同じ建物の中に存在し、非営利団体によるチャータースクールとして運営されている。チャータースクールは、アメリカ特有の制度で、非営利組織が公立学校を運営する仕組みである。地域保健衛生のための取り組みは次のようなものが実施されている。

・野菜をたくさん食べる健康的な食習慣づくりのため、学校の食堂では、野菜を多く使い、油の多いメニューを避けるなど、食習慣の改善を目指した取り組みが行われている
・校内の自動販売機から炭酸飲料が取り除かれ、水や果汁などを販売するようになっている
・校内にクリニックを設置し、地域からの利用と生徒の利用の両方を確保している
・ソーシャルワーカーを配置し、クリニックと保健事業の運営を取り仕切っている

今後、クリニックの運営を通じて、地域と生徒の健康のためのプランや医療機会の向上に資するプランを立案し、実施していくことになっている。このプロジェクトには、学校を運営している非営利組織であるパースペクティブ・スクールのほか、シカゴ市、クリニックに医師を派遣する医療機関、コミュニティ・オーガナイザーを配置したGADCなどがかかわって、運営の

ためのネットワーク組織が形成されている。健康プログラムでは、生徒に健康的な食事を提供するためにの食堂を学校に設置し、地域住民を雇用している。アフタースクール・プログラムにおいては、資金の流れをみてみると、ニュー・コミュニティ・プロジェクトのリード・エージェンシーが、補助金獲得主体であり、受け皿になってプロジェクトの実施のために活動を行っている。

プログラムの総合性は、リード・エージェンシーの運営力、他の組織とのネットワーク、実施主体の能力や多様性、また配置された人材によっても規定される。この事業はNCPの戦略的プログラムの1つとして位置づけられており、シカゴ市の補助金によって運営されている。他の4校についても同様にNCPの戦略プログラムの1つとしてエレベイト事業を位置づけている。

エレベイトを強力にサポートしている組織が2つある。1つはシカゴ大学に所属するチャッピンホールセンターという地域を対象とした研究機関である。もう1つはインターミディアリーのLISCである。LISCは、資金提供だけでなく毎月開催される各校の運営会議に出席し、状況を把握すると同時に必要な情報や技術的支援を提供している。これは、たとえばアフタースクール・プログラムにおいて、質の高いプログラムを提供することができる非営利組織や、他校で成功している取り組みを紹介するといった内容である。

チャッピンホールセンターは、このプログラムの進行を検証し、客観的に評価することをLISCから委託されている。CCIsでは、第三者機関による評価を行うことは一般的である。この場合は、LISCが評価を委託しているが、出資している助成財団が評価を第三者機関に委託することは一般的に行われる。

(3) 地域アイデンティティとプログラム

プログラムの内容を分析してみると、その内容は、地域密着型で民族色の強いものであることがわかる。先に示したダンスや音楽は地域のエスニシティの特徴を代表するものであり、民族的アイデンティティを強調する内容である。

プログラムは、地域の問題への対応にも一役買っている。銃による事件や

写真 6-5　オロスコ校で人形作りをする母親たち　　写真 6-6　ピルセンの街角にある壁画

　暴力の激しい地域では、犯罪に巻き込まれないための工夫、対立するグループ同士の対話を形成するプログラム、英語が話せない住民の多い移民地域では成人のための教育が実施されている。いくつかの学校や地域で学校の壁や地域の建物に壁画が描かれているが、壁画はメキシコ壁画運動[19]の流れを汲む民族的な芸術の1つである。シカゴでもメキシコ人が多く居住する地域にいくと建物に壁画が描かれているのに出会う。壁画という、いつでも、だれでもがみることができる媒体は、メキシコ人居住地域だけでなく他の民族が暮らす地域においても取り入れられつつある。壁画は、学校でも取り入れられて、壁やガラス面に様々なテーマの壁画が描かれ、民族のアイデンティティやスローガンを主張している。
　ピルセン地域にあるオロスコ校では、母親たちが参加して人形作り教室が実施されている。作られている人形はメキシコ風の衣装や表情がかたどられている。この取り組みは、民族的な芸術の継承という以外に、英語をあまり話すことができない母親たちが学校に集まり、ともに過ごす時間を持つという目的に重きが置かれている。

---

19) メキシコ壁画運動は1920年代から1930年代にかけてメキシコ革命期に起こった絵画運動である。革命の意義やメキシコ人としてのアイデンティティを民衆に伝えることが目的であり、そのため誰でもいつでもみることのできる壁画が主な媒体に選ばれた。壁画画家はアメリカ合衆国にやってくると、ジョンソン大統領の失業者対策の一環であった芸術家のための事業の1つとして壁画制作が行われると多くの芸術家を組織して公共的な建築物や大学などに壁画を描いた。

(4) 学校から地域のキャパシティ・ビルディングへ（学校から地域へ）

それでは、このプログラムは、どのように地域に展開していくのであろうか。各校のエレベイト事業の取り組みでは、エスニシティの重視、成人教育に開かれている、両親の学校への参加、地域問題への対応といった共通する特性がみられる（表6-1）。この中でも、両親の学校への参加と成人教育は、学校を核として地域のキャパシティ・ビルディングを実現していくための契機と考えられる。これについて具体的な事例を基に検討する（以下の対象者の氏名は仮称）。

①オロスコ校（ピルセン）における親の参加とそのプロセス
　〈Mのケース〉（2010年3月インタビュー調査より）

　Mは、最初学校にくることにはあまり気が進まなかった。自分自身が学校にいっている時、勉強も好きではなく、先生に声を掛けられる時はいつも何か問題が起こった時だったから、学校にはいい思い出がなかった。子どもたちが学校にいくようになって、学校に送ってくるようになったが英語もうまくないのでやはり、先生と話す機会はあまりなかった。

　ある時、学校にきて知り合った人から、学校にティールームがあるからお茶を飲まないかと誘われた。家ではいつも家事を済ませると、スペイン語のドラマをみるのが日課だったが、たまたま知り合いに誘われたし、彼女もスペイン語を話せるのでいってみることにした。そこには、すでに数人の母親たちがお茶を飲んで話していた。中には、今までに顔を見知っている人がいた。お茶をしている間に人形作りのクラブがあることを知らされた。もっと一緒に話せる人がほしいし、やってみたいと思ったが自分から「やってみたいわ」というのは気が引けた。すると、その顔見知りの母親が、自分も人形作りのクラブに入っているから、きてみたらというので、次にいつ会があるかを聞いていってみることにした。それが、参加したきっかけとなった。そして今人形作りにきているところだ。

　学校から何か手紙がきても億劫で読まなかったかもしれないけど、知り合いから誘われてくるなら安心だと思った。ここにくると、いろいろな話がで

きるし、学校のことや、子どもたちの生活、そして、今は健康に関する話にも興味を持っている。ここでもらった食事のレシピで、夕食を作るようになって家族全員が少しやせた。私と同じように1人で子どもを送ってきて急いで帰ろうとする人をみると、「お茶をしていかない？」と誘うようになった。アフタースクール・プログラムには、両親が参加できるバスツアーや行事が多いので今では喜んで参加しているし、学校で何かボランティアがあると参加するようになった。

②ペアレント・メンター事業

　ペアレント・メンターは、ローガン・スクエアで、1995年に始まった取り組みである。最も貧しい地域のフントン小学校の校長がLSNAのディレクターに対して、「母親たちは、学校に子どもを送ってきて家に帰って一人で過ごす。学校に残って、クラスで子どもたちの勉強を助けてもらうことはできないだろうか。」と言い出したことをきっかけに始まった。ローガン・スクエアは、シカゴ北西部のヒスパニック系移民が多い地域に立地する。学校では退学者や英語ができないために学校の授業についていけない子どもたちが多かった。その頃、すでに地域でアフタースクール事業などを実施していたローガン・スクエア・ネイバーフッド・アソシエーション（LSNA）は、地域の学校に対して「ペアレント・メンター」を導入するように働きかけた。学区の大人が1日2時間程度学校にいき、1人の生徒か数人のグループと一緒に勉強し、英語が話せない生徒や勉強が遅れている生徒を助ける。参加者は、1学期に500～600ドルの収入を得る。この取り組みは、エレベイト事業を通じて、他の地域の学校にも取り入れられた。

〈マーケット校でのペアレント・メンター経験者のケース〉

　メンターを始めたきっかけは、知り合いから誘われた。家では、子どもたちに勉強するようにいっていたが、自分も高校を卒業していなかったし、何を頑張るのか、何を励ますのかわからないままだった。知り合いに誘われて学校でペアレント・メンターをするうちに、自分も高校にいきたいと思うようになり高校に入学した。家では、子どもと一緒にダイニングテーブルで宿

題をした。そして、高校の卒業証書を手にして喜びをかみしめ自分に自信ができたと同時に子どもに対して、どんなふうに励ましたらよいのか、何を目標にすればよいのか具体的にみえるようになった。ペアレント・メンターとして学校で生徒と先生の間で勉強や生活のアドバイスなどをするようになって、自分のこともよくみえるようになり、子どもたちのこともよく理解できるようになった。子どもたちは、勉強の躓きや言葉の問題だけでなく、生活苦、両親や友人同士の問題といった様々な問題に直面している。ペアレント・メンターは先生でも親でもないが、大人として子どもをよく理解し、時には助け、時には二人三脚で歩いていく。今は、学校でのペアレント・メンターのコーディネートをしている。

〈ローガン・スクエア　ペアレント・メンターから地域の学校の教員になったケース〉

　Aは、5人兄弟で1人親世帯に育った。現在彼自身も2人のティーンエイジャーを抱えるシングルファーザーになった。仕事でけがをしてから3年余り落ち込んで何もしない日々が続いていた。ある時、母親が娘たちの学校のメンターの打ち合わせに無理やり彼を連れていった。そして、現在学校の教員になるための学校に通っている。

　このように、ペアレント・メンターに参加した両親は、多くがGEDを受けて大学に入学する。LSNAによると約8割の参加者が、後に再教育を受けるか教育関係の職業に就くようになるという。

〈ローガン・スクエア　移民として地域にやってきたケース〉

　Dは、出身国では、数学の教師だった。大学教育を受けたことを証明するために、今でも故郷の大学の卒業証書を持っている。移民としてやってきたものが出身国と同レベルの仕事を得ることは難しい。アメリカにわたってきて以来、教室を懐かしんでいた。「アメリカに来ると人生すべてをもう一度やり直すしかない」。彼女は、ペアレント・メンターになって初めて故郷の大学を振り返らなくなった。そして、「すべてが変わった」という気持になった。

2000 年には、LSNA は、州立大学と組んで親が教員になるためのプログラムを開始した。そして貧しい地域の人々が通えるように、その講座は地元の小学校で開講された。そして、この講座を受講した親は資格のある教師になった。

2005 年にはイリノイ州は、LSNA の教員養成に対して補助金[20]を出すようになった。さらに、シカゴ・ローンで活動を行っている SWOP（NCP の参加組織のうちの1つ）が、ペアレント・メンタープログラムを7校で開始した。

2011 年にはこれらの2つの組織は、ペアレント・エンゲージメント・インスティチューションを設立し、他の地域でのペアレント・メンターの事業を支援するようになった。アフリカからの移民、D はこの組織の職員となった。

2012 年、シカゴ市は、ペアレント・メンターの制度を取り入れるべく、LSNA に協力を求め、現在市内の 10 地域においてこの事業が進められている。LISC は、さらに3校でペアレント・メンターの導入を始め、イリノイ州は、100 万ドルを投じて 44 校でこの事業を開始することになった。

ペアレント・メンター事業の経緯についてキャパシティ・ビルディングの視点から振り返ってみる。

事業の初期段階では、「親の学校への参加」、学力の向上という「生徒のエンパワメント」、自らの再教育や家庭内での子どもの教育への積極性といった「参加した親自身のエンパワメント」へとつながっていった（個人のエンパワメント）。ペアレント・メンターが月に 500 〜 600 ドルの仕事であったことは参加を促進する1つの要因であったと考えられる。また、先に前述したように、「顔知りから誘われた」ことが参加を促進している。

そして、参加した親の多くは、この事業のコーディネーターとなって新しく参加する親のリーダーとなった（リーダーシップ開発）。事業に参加した親の1人は次のように述べている。「ペアレント・メンター事業は、自分自身の中にリーダーがいることを教えてくれた」と。

さらには、自ら大学入学の資格を得て学び、教員となって地域の学校で働

---

20) Grow Your Own Illinois

くようになった。こうして、地域には、バイリンガルの教員が増え、同時に子どもたちの学習をよりよくサポートするシステムが構築されてきた。引きこもりがちな専業主婦、地域とのつながりを持たない移民、落ち込んだ失業者であったりした親たちは地域の教育のキーパーソンとなって教育に力を注ぐようになった。彼らは、教育を受け直し、仕事と収入を得て自らを立て直していく自己再生のプロセスから、どのように子どもたちを見守り、サポートしたらよいかを習得した。この取り組みは、社会化され地域の資源となって蓄積され、学校教育や地域の生活に還元されてきている（地域の社会資源の構築）。

このプロセスと結果こそが、コミュニティ・キャパシティ・ビルディングであるといえる。

さらに、エレベイト事業のつながりから事業が他の地域に拡大していった。この取り組みが、シカゴ・ローン地域でも取り入れられるようになって広がっていった。そして、LSNAが発案した民間資金による民間事業は、10数年の間にイリノイ州の補助制度やシカゴ市の事業に取り入れられた（社会制度の構築）。

近隣地域再生において学校を核にすることは、少なくとも3つの意味があると考えられる。

1つは、学校は小地域の中心に位置しているという地理的条件、子どもが毎日通っている場所であるということから、親にとって地理的にアクセスしやすい場所であるということである。特にアメリカのように学校へ子どもを送っていくという習慣が定着している場合には少なくとも親は日常的に学校へいく。また、その地域で育った人々にとっては、自分たちが学んだ場所であり、親近感を感じることができる場所である。ペアレント・メンター事業で最初のプロセスが「参加」であったことを学んだが、学校は「参加」しやすい場所なのである。このことは、1920年代のコミュニティ・センター運動においてもすでに明らかであった。

2つめに、学校は教育のための設備が整っているため、教える人さえ連れてくればその対象や内容は様々に変えることができる知的生産の装置であるということである。地域にとって、子どもだけでなく、大人の教育を提供す

ることは、地域の資産を構築することに他ならない。近隣再生にとって人材の育成は重要である。人材の育成がさらに地域資源の構築を生むというプロセスは再現可能であると考えられる。学校でペアレント・メンターとして働くようになった親たちが、地域のリーダーとなって活躍するようになり、社会制度を構築して地域をより豊かにしていくことができたのは、教育という要素があったからである。地域において、教育機関としての学校の存在意義と利用可能性は大きい。

　3つ目に、しかし、ここでもっと重要なことは、ローガン・スクエアで活躍するLSNAのコミュニティ・オーガナイジングであろうと思われる。コミュニティ・オーガナイザーは、事業を構築し運営することによって親と学校（生徒、教師）、地域と学校をつなぎ、近隣地域再生に大きく貢献している。このコミュニティ・オーガナイザーの役割については次章に検討を譲る。

7章
キャパシティ・ビルディングにおける
コミュニティ・オーガナイザーの役割

　CCIs を特徴づけるキーコンセプトの1つにキャパシティ・ビルディングがある。キャパシティ・ビルディングは、個人を対象として使われる場合と、地域の自律を意味して使われる場合もある。この概念がストレングスモデルと共通する基盤を持っていることは前章でも述べた。個人の自律のためには、教育や就労が重要な意味を持っている。キャパシティ・ビルディングを構築するためには、コミュニティ・オーガナイザーは、地域のリーダーとなるのではなく、当事者や地域が独り立ちできるように支援し、そのリーダーシップを開発していくのが1つの仕事である。この意味では、エンパワメントは、キャパシティ・ビルディングの1つのプロセスであるともいえる。

　ここでは、シカゴ NCP におけるコミュニティ・オーガナイザーの役割の1つとして、キャパシティ・ビルディングを取り上げ、そのかかわり方や役割について分析を行う。

　NCP のコミュニティ・オーガナイザーは、各リード・エージェンシーに2名配置されている。これに加え、学校を中心とした近隣開発を実施している5つのコミュニティでは、学校にも各1名のコミュニティ・オーガナイザーを配置している。本章では学校に配置されたコミュニティ・オーガナイザーを中心として考察する。

　コミュニティ・オーガナイザーに関する研究において、ロスマンの研究を受けてこれを発展させたウェイル（Weil）らは、コミュニティ・オーガニゼーションを8つの枠組みに整理し、それは新たな枠組みとして今日広く受け入れられている（室田 2010）。その後、ガンブル（Gamble）とウェイルは、2010年に著した新たな著書の中で、コミュニティ・オーガナイザーの役割について次の6つをあげている（Gamble ら 2010）。

　その役割とは、

・オーガナイザー（organizer）
・ファシリテーター（Facilitator、助言などをして会をうまく進行させる人）
・教育者（Educator）
・助言者（Coach）
・訓練者（Trainer）
・橋渡しを架ける人（Bridge builder）

である。

これと同時に、ガンブル（Gamble）らは、コミュニティ・オーガナイザーは、オーガナイザーであって、決して地域のリーダーではなく、地域の人々が自らのリーダーシップを開発することを助け、住民たちのグループが問題解決や意思決定するためにオーガナイズするのが役割であると指摘している。ここでは、ガンブルらが示した役割に則って、学校と地域再生事業のつながりにおけるコミュニティ・オーガナイザーの役割を考察する。

7.1 コミュニティ・オーガナイザーの役割

（1）取り組みの内容と方法

学校を中心とした包括的開発の取り組みの目的は、生徒の学力と進学意欲を向上させると同時に、健全な生活を創造することにある。この目的に対応するため、各校ではソーシャルワーク・プログラム、医療プログラム、健康プログラム、アフタースクール・プログラムの4つが推進されているが、プロジェクトを進めるうちに別のニーズや重点的な課題などが明らかになり、それぞれの学校において新たなプロジェクトが付加されている。また、その基本の柱の4つの事業についても各校の事情によって取り組み方が異なるが、共通する点として、いずれの学校においてもコミュニティ・オーガナイザーが直接に事業を実施するのではなく、経験ある組織や地域の芸術家などを学校に呼び込み、これらの組織から派遣されたスタッフがプログラムを提供している。

これらのコーディネートは、コミュニティ・オーガナイザーの役割である。

親や地域住民のための成人教育や高校入学のためのサポート、親による子どもたちのメンター・プログラム（助言者）などの取り組みは、移民地域で多くみられる。また、各校では、親たちが仕事を終える時間帯にエレベイトの取り組みを紹介する会を開催する、バストリップに家族も参加させるなどして学校に迎える様々な工夫をしている。家族を学校に参加させることは地域と学校の関係をより強くするものである。親がいつでも集まれ、お茶を飲みながら話をすることができる場を設けた学校ではより親の参加が盛んである。このような取り組みは、ワランが指摘するインフォーマルなネットワークの構築に役立っている。

　プログラムを運営していくにあたっては、潜在的なニーズを把握し、これに対応することや、他の組織や中間支援組織からの紹介で優れたプログラムを取り入れ、また、校長や学校のスタッフのつながりから、地域の住民たちをアフタースクールの講師として招くなど、各校でプログラムに広がりがみえてきている。このことは、子どもたちが年齢の異なる世代との交流を得る、文化や芸術に触れる、放課後の時間を有意義に使えるといった効果だけでなく、学校自体やこれらのプログラムにかかわる人々が、多様なつながりを持ち、可能性を広げるきっかけを作っている。コミュニティ・オーガナイザーはこのようなつながりの中心になっている。

(2) コミュニティ・オーガナイザーの役割と位置づけ

　これまでにみてきたように、いずれの取り組みにおいても、コミュニティ・オーガナイザーは、事業の調整や管理運営を行っており、コミュニティ・オーガナイザーの存在が、近隣地域と学校、外部組織と学校をつないでいる。プログラムの運営にはコミュニティ・オーガナイザーの力量が表れる。内容豊かなプログラムを運営するためには外部の組織や人材と協力し、良質なプログラムを保持するために管理運営しなければならない。

　学校に配置されているコミュニティ・オーガナイザーの経歴は、国際的なNGOで働いた経験のある人権活動家、心理学の修士学位保持者、アフタースクールの運営者などである。エスニシティ関係のプログラムでは、各地域の特徴にあった人材が採用されており、ほとんどが女性で男性は1名となっ

ている。ヒスパニック系移民が多い地域では、コミュニケーションをとるため、スペイン語を話す必要がある。また、コミュニティ・オーガナイザーは、地域で活動しているコミュニティ・オーガニゼーションに雇用されている。

①オーガナイザーとしての役割

本プロジェクトは、地域の内外の組織や人々、医療やソーシャルワークの専門家、家族や生徒を含め多くの人々が参加している。したがって、コミュニティ・オーガナイザーは、様々な場面で調整を図り、図7-1に示すように、関係者の中心で全体の調整を行っている。

コミュニティ・オーガナイザーが日常業務の中で、調整を行っている機会を分析してみると、1）中間支援組織（LISC Chicago）が開催する5つのプロ

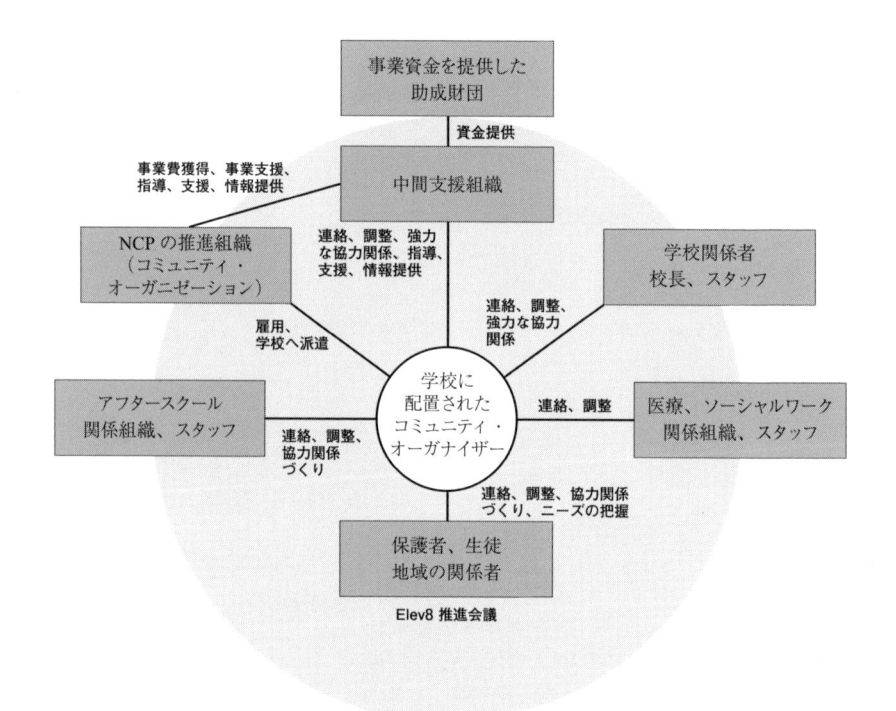

図7-1 コミュニティ・オーガナイザーの位置づけ
（筆者作成）

ジェクトの関係者全員が集まる全体会議、2) 自分が所属するコミュニティ・オーガニゼーションが開催するスタッフ会議、3) 学校内で活動する様々な個人や組織（ソーシャルワーク、医療、健康、アフタースクール・プログラムの運営に携わっている人々や組織）と学校関係者による会議、4) 関係する組織との個別の会議、5) 学校に派遣されているスタッフのみの会議などがあげられるが、このうち3)～5)は、自らが会の幹事を務める。このほか、地域の住民や、親や生徒たちが学校において参加する行事についても調整を行っている。

このように、多様な組織の中心に立ち、情報のやり取りやプロジェクトの推進、管理運営及びそれに関する調整を行っていくことが、コミュニティ・オーガナイザーの重要な役割である。

②ファシリテーターとしての役割

ファシリテーターとしての役割は、来校する親同士、生徒同士のディスカッションの場において発揮されている。

エイムス校では、生徒の相談や「コーヒーと会話」という親たちのインフォーマルな集まりの席で、家庭の生活上の問題や様々なニーズ、教育への意欲などをファシリテートによって引き出し、これをプログラムに反映することに成功している。性に関する話題などを参加者が話しやすいように誘導するのも、コミュニティ・オーガナイザーの役割の1つである。このようなインフォーマルな取り組みの結果、あらゆる年齢の女性に対する健康教育の必要性が明らかになり、避妊や病気の予防などを含めた健康教育を実施するようになった。また、このような場では、親自身が教育を受けていないために目標を持てずにいるような状況が語られ、成人学級など親をサポートするプログラムを設けるに至った。

③教育者としての役割

教育者としての役割は、主に生徒に対して発揮される。

リーバイス校では、健康に関するイベント、料理教室の開催、掲示などを通じて、生徒に健康教育を実施している。「水を飲む」教育では、水分摂取

の大切さと同時に、糖分が高いソーダやジュースに代え水を飲むことを教えるイベントを開催した。このような取り組みにおいては、コミュニティ・オーガナイザーは教育者としての役割を果たしている。

パースペクティブ校では、本プロジェクトを通じて、「規律ある生活」のルールが導入された。このルールは、他人を敬う、時間を守る、人の発言を聞くといった項目から成り立っているが、このルールは、生徒だけでなく学校関係者、エレベイトのスタッフ全員にも適用される。ルールは、学校の壁や新しく設置されたクリニック内にも掲示されており、コミュニティ・オーガナイザーはこれに関しても指導的な立場にある。

エイムス校では、6,000ドルを投じて、外部の専門機関からの協力を得て、1,500人の生徒に対して4-6回の性教育のクラスを開催した。このような課題では、「生徒たちは、むしろ外部の大人に対してのほうが、毎日会っている教師に対してよりもオープンにふるまえる」とコミュニティ・オーガナイザーは指摘する。このようなことから、このプロジェクトにおける教育者としての役割は、むしろ直接生徒とかかわるスタッフのほうが大きく、コミュニティ・オーガナイザーは、教育のために必要なものや教育機関との橋渡しを行うといった間接的なかかわりである。

④助言者としての役割

親や生徒が自らの力で何かをしようと試みる時、コミュニティ・オーガナイザーは、自分が中心になってことを進めるのでなく、助言者としてサポートに回ることが求められる。

マーケット校では、2008年9月に100人を超える親たちが学校に集まり、学校におけるボランティアの経験を壇上で発表した。このボランティア・プログラムは、「親たちが子どもたちのメンターに」(Parents as Mentors program)というもので、週に4回2時間ずつ、親が自分の持っている知識や経験を子どもたちに伝えるというものである。この日の集まりは、ボランティアに参加していた親たちによって開催され、コミュニティ・オーガナイザーは、会の準備のための助言と裏方、及び、会の進行などを裏方として受け持った。

オロスコ校では、親の集まりの中で一人の母親が、「最初学校に来て、ボ

7章　キャパシティ・ビルディングにおけるコミュニティ・オーガナイザーの役割　　145

ランティアを始めたけれども、家では子どもにどのように指導し、自信を持たせたらいいのかがよくわからなかった。自分自身がメンタリングを受けて、高校卒業資格を取るという目標を持ってからは、目標を持つということがどういうことかがわかり、子どもに指導できるようになった。そして、自分は、高校卒業の資格を得ることができたし、これを見た子どもも目標を持つことや勉強することの意味を少し知ったように思う」と発言している。オロスコ校では、子どもの教育のためには、まず親たちへのサポートが必要であることや、成人のための教育の重要性に気づき、両親を対象としたプログラムを展開してきた。

　親たちとのかかわりの中で、コミュニティ・オーガナイザーは、親たちを様々な行事で学校に集め、自らの地域や学校、生徒が抱える問題に気づかせ、ボランティアとして動員し、リーダーシップを高め、自ら解決に向かうためのサポートをしてきた。

⑤訓練者としての役割

　エイムス校が立地するヒスパニック系の地域は、ギャングの問題を抱えており、過去にギャング同士の抗争で2人の生徒が命を失っている。コミュニティ・オーガナイザーは、生徒が暴力ではなく異なる形で感情を表現し、グループ同士の対立をなくす方法を学ぶ必要があると考えて、ピース・サークルという取り組みを始めた。1つの部屋に生徒たちが椅子を持って集まり、輪になって、一人ひとり何かの話題について話をする。話題は、両親や家族、性的問題、政治など様々な分野にわたる。生徒たちは、躊躇してなかなか話さない場合もあるので、時には助言して、話題を提供する必要もある。生徒たちは、暴力や睨み合いではなく、自分の考えを言葉で表現する訓練が必要である。また、この取り組みを通じて、お互いに対する憎しみや対立などを解消し、一体感を持ったグループとして育てたいとコミュニティ・オーガナイザーは考えている。このような取り組みにおいては、コミュニティ・オーガナイザーは会を進めるファシリテーターであり、訓練者としての立場に立つといえる。

⑥橋を架ける人の役割

　これまでみてきたように、学校で実施されているプログラムのほとんどは、外部の協力機関や、地域の住民などとのパートナーシップによって運営されている。いかに、能力のある組織や人材とつながり、プロジェクトを推進できるかがコミュニティ・オーガナイザーの手腕であり、プロジェクトの内容を決定する。これらのネットワークは、個人的なつながり、所属する組織のネットワーク、他の組織からの情報など様々な情報源によって次々に増えている。

　パースペクティブス校とリーバイス校では、シスター・フォー・サイエンスというプログラムを採用した。このプログラムでは、女生徒のために女性科学者が学校に出向き科学の話をする、科学にちなんだフィールドトリップにいくといった行事を毎週行って、科学に対する興味やリーダーシップを育てることを目的としている。このプログラムの実施にあたっては、科学に関係するアフタースクール・プログラムを提供している組織と共同して運営された。

　オロスコ校では、アフタースクール・プログラムに、ダンスや楽器演奏を取り入れているが、これらの講師を務めているのは、近隣地域に暮らす舞踏家や音楽家である。エイムス校で「コーヒーと会話」に参加する親たち、たとえばオロスコ校で人形作りやいつでも集まれる部屋にくる親たちは、コミュニティ・オーガナイザーと顔見知りになっており、何かを尋ねる、参加してもらいたいなどの行事があるといった時には、これらの顔見知りに声をかけることができる。

　コミュニティ・オーガナイザーの業務をその役割を通して整理してみると、中でも、「オーガナイザー」、「橋を架ける人」として、組織間や人と組織のネットワーク化を図る役割が大きいことが明らかになってきた。コミュニティ・オーガナイザーは、ネットワークを構築しそれを広げることによって、一層様々なプログラムを学校において展開することを可能にしている。また、これによって、学校にかかわる地域の内外の人々も増えている。いかにして、このようなネットワークを構築し、プロジェクトを切り回していくことがで

きるのか。その理由の1つは、コミュニティ・オーガナイザーが、地域のリード・エージェンシー[21]に雇用されていることによって、組織のバックアップのもと、個人では解決できない問題に対する解決策を練り、さらには個人では持ち得ないようなネットワークを有することによって展開できる事業や講じられる解決策の幅が大きく広がってくるということである。この2つの役割がこのプロジェクトの中では特に重要であり、必要性が高いものである。

コミュニティ・オーガナイザーが、構築しているネットワークは、大きく分類するとフォーマルなものとインフォーマルなものに分けられる。フォーマルなネットワークは、医療やソーシャルワークなどのサービスを提供するために外部の組織とつながりを持つことを指し、インフォーマルなネットワークとは、生徒同士のネットワーク作り、いつも集まってくる親たちと顔見知りになっているというようなネットワークである。このインフォーマルなネットワークが、親のエンパワメントや地域と学校のつながりの突破口となっている。

これらのネットワークは、対象別にみると4つに分類できる。医師やカウンセラーといった専門家とのネットワークと同時に、アフタースクール・プログラムの提供者のような協力組織とのネットワーク、LISCなどコミュニティ・オーガナイザーの仕事をバックアップする組織とのネットワーク、生徒や親、近隣住民といった近隣地域ネットワークである。

中間支援組織は、情報提供、他の学校との交流のほか、プログラムの運営に必要なネットワークや新たな資金源を紹介する指導的、援助的な役割をも果たしている。このような、組織やネットワークに支えられてこそ、コミュニティ・オーガナイザーの業務が円滑に推進されていくといえる。

(3) 考察

本研究では、基本的にいずれの学校においても、4つの柱となっているソーシャルワーク・プログラム、医療プログラム、健康プログラム、アフ

---

21) NCP事業における各コミュニティの核となる推進組織。

タースクール・プログラムが実施されているが、その運営は、外部の組織や専門職とのネットワークによって成り立っている。実施内容は、各地域や学校の特性に合わせて展開されており、またコミュニティ・オーガナイザーが把握したニーズによって、新たな取り組みが加わっていることが明らかになった（表6-1）。

たとえば、ソーシャルワーク・プログラムでは、特に低所得労働者世帯をサポートするための、専門のソーシャルワーカーを派遣する取り組みが実施されている。医療プログラムでは、シカゴ女性健康センターと共同して、あらゆる年齢の女性の健康問題に対処するための相談、他の医療機関と協力して、医療分野における職業選択に興味を持たせるための取り組みが行われている。移民地域では、ESL（English as Second Language、母国語が英語でない人のための英語教育）や成人教育、親自身が高校卒業資格を得るためのサポートなどの特性がみられる。このような地域では、親へのサポートの必要性も大きいため、親が参加できるプログラムが多く組まれている。

プログラムの多様性は、外部の協力機関や人材といかにネットワークすることができるかに左右される。必要に応じて新たに追加されるプログラムのコーディネートは、コミュニティ・オーガナイザーが行っている。コミュニティ・オーガナイザーは、このプロジェクトにおけるキーパーソンであり、地域のコミュニティ・オーガニゼーションに雇用され、派遣されるという形態で地域再生プロジェクトと学校をつないでいる。

2つ目に、ガンブルらによって提唱されたコミュニティ・オーガナイザーの6つの役割を通して、コミュニティ・オーガナイザーの業務を分析すると、2つの役割が特に重要であることが明らかになった。1つは、「オーガナイザー」として、様々な情報やプロジェクト進行、管理、ネットワークを管理運営していること。もう1つは、「橋を架ける人」として、組織と人、学校と組織、地域資源と学校などを結びつけるネットワーク化の役割が大きな比重を占めることが明らかになった。コミュニティ・オーガナイザーがこのようなネットワークを築くことができるのは、個人の力量のほか、地域のコミュニティ・オーガニゼーションに所属して、組織が持つネットワークを活用することができるからである。これらの2つの役割は互いに連動している。

3つ目に、コミュニティ・オーガナイザーが構築したネットワークを分類すると、組織間の会議などフォーマルなものと、インフォーマルなものに分けられる。フォーマルなネットワークは事業上の必然から構築され、インフォーマルなネットワークは、「コーヒーと会話」や手芸、料理教室、成人教育に参加するために学校にくる親や近隣地域の人々との間に構築されていく。このインフォーマルなネットワークは、地域住民のエンパワメントし、学校でただ行事に参加するだけだった親たちが自らの内面にある力に気づき、地域や学校が抱える問題を自らの問題として捉え立ち上がる契機となっている。

ネットワークを対象別に分類すると、①専門家とのネットワーク、②協力組織とのネットワーク、③コミュニティ・オーガナイザーの仕事をバックアップする組織とのネットワーク、④生徒や親、近隣住民とのネットワークの4つに分類できる。

専門家とのネットワークは、主に医療関係者、カウンセラー、ソーシャルワーカーといった、専門的なサービスを提供するために構築されるネットワークである。特に医療機関とのネットワークにより、学校内にクリニックが設置され、医療にかかる機会が少ない地域住民にもクリニックへの門戸が開かれたことは、地域住民と学校とのつながりを作るだけでなく、地域の健康増進や医療にかかる機会の増加に貢献している。

協力組織とのネットワークは、主にアフタースクール・プログラムなどで、サービスを提供する組織や個人とのネットワークである。このネットワークが構築されることによって、地域や生徒のニーズに合ったサービスが提供される。コミュニティ・オーガナイザーは、生徒や親からのニーズを把握し、必要に応じて新しいネットワークを構築してサービスを提供している。

これらの2つのネットワークは、契約関係を基本に構築されており、予算がなくなればサービス関係が解消されてしまうというリスクを抱える。これは同時に、NCP自体が抱えている課題でもある。

コミュニティ・オーガナイザーは、学校が立地する地域で地域再生に携わっているコミュニティ・オーガニゼーションに雇用されている。このことは、学校と地域再生事業とのつながりをより強固にすることに貢献している

と同時に、課題への対応や、地域住民との関係づくりなどはこの組織によってバックアップされる。また、学校に関する情報は、コミュニティ・オーガニゼーションが発行するニュースレターを通じて地域に提供されている。

　コミュニティ・オーガナイザーの役割で重要な点は、彼らが決して単独で学校に配置されているのではないという点である。CCIsを推進しているリード・エージェンシーによって雇用され、そのつながりの中で業務を遂行している。

7.2 ペアレント・メンター事業のプロセスとコミュニティ・オーガナイザー

(1) 事業プロセスとコミュニティ・オーガナイザーの役割

　　（下線部がコミュニティ・オーガナイザーの行動）

　ここではペアレント・メンター事業のプロセスにおいて、親との関係に着目してコミュニティ・オーガナイザーの役割を考察する。現在ローガン・スクエアだけで、8校130人の参加者がおり、過去16年間に約1,300人の親たちがペアレント・メンターとして働いた経験を持っている。参加者の中で、全く英語が話せない親も英語を学び、さらに別の仕事にチャレンジしていった。ペアレント・メンター事業が、学校や生徒の学習に与える影響は絶大である。一斉テストの点数が、3倍になった学校も現れたほどである。それと同時に、参加する親たち自身のリーダーシップ開発に役立つことが評価されている。メンターの経験後、教職を目指す親も増え、教員となった親たちは、地域の学校に戻ってきている。

　表7-1にみるように、本事業のプロセスに応じて、コミュニティ・オーガナイザーの役割は変化する。当初の企画段階からみると、親のリーダーシップが確立した時点で、事業の中心は親に移行し、コミュニティ・オーガナイザー自身は、側面的援助に移行し、より社会的な活動に事業を転換させていっていることがわかる。

　初期段階では、コミュニティ・オーガナイザーが地域の小学校の校長からの提案を受ける関係をすでに構築していた。LSNAは、1960年代から地域を基盤としたアリンスキータイプの運動組織として、ローガン・スクエアにお

7章 キャパシティ・ビルディングにおけるコミュニティ・オーガナイザーの役割　151

表7-1　ペアレント・メンター事業におけるコミュニティ・オーガナイザーの役割

ペアレント・メンター事業のプロセス		コミュニティ・オーガナイザーの役割
1995年〈校長からの問題提起〉「母親たちは子どもを送ってきてそのまま家に帰り孤独に過ごしている。クラスルームで学習のサポートができるようにならないだろうか?」と問いかけたことに対し、LSNAが対応し企画	初期段階ニーズの発見	学校との関係構築、保持教育に関するニーズの把握参加のための場づくり事業企画
〈ペアレント・メンターを事業化〉フントン校においてバイリンガル・コーディネーターのもとでペアレント・メンター事業が始まる	事業化	資金の獲得学校、教員との調整親のグループ作り、トレーニング参加のコーディネート広報
1996年〈親の新しいニーズの出現〉フントン校の親たちが地域を回ってニーズ調査を実施。ESL、GEDなどの授業を提供する場のニーズを把握。→コミュニティ・ラーニング・センターの設置	事業進展	ESLクラスの運営GED、大学進学準備
〈親の中にリーダーシップを発揮する者が出現〉「自分の中のリーダーシップに気付く」「参加者からコーディネーターへ」	リーダーシップ開発	コミュニティ・オーガナイザーの役割の一部を親に委譲側面的サポートへ
2000年〈地域の学校で働く教員を地域で養成〉州立大学とのパートナーシップによる教員養成コースの開始Grow your own teacher事業の開始	事業の社会化社会資源の構築	大学との提携調整、事業化
2004年〈ペアレント・チューター・プログラム〉ローガン・スクエアの6校において3年生の算数をサポートする事業を開始		アメリコープスの補助金を得てペアレント・チューター・プログラムを開始
2005年〈他の地域に事業拡大〉エレベイトの参加コミュニティであるシカゴ・ローンがペアレント・メンターを導入、	事業の拡大	インターミディアリーとの共同
2005年〈教員養成が州の制度化〉イリノイ州がバイリンガル教員の養成を開始	社会制度の構築	広報、アドボケイト、州と共同事業のコーディネート
2012年〈ペアレント・メンター事業が市の事業化〉シカゴ市が他のコミュニティにおけるペアレント・メンター事業の推進をLSNAに委託		広報、アドボケイト市の事業受託

LSNAパンフレットを参考に筆者作成。

いて、学校建設運動をするなど、地域の教育関係者には深いつながりがあった。フントン校校長、サリー・アッカーからの提言を受けて、コミュニティ・オーガナイザーは、ペアレント・メンター事業を提案した。1995 年、15 人の母親たちが集められてトレーニングを受け雇用された。母親たちは、英語が話せない移民であることから孤立していた。トレーニングを受けたことによって、自己の中のリーダーシップが覚醒され、自己目標が明確になっていった。ペアレント・メンターは無償のボランティアではなく 100 時間働くと 600 ドルが支払われた。このための資金獲得もコミュニティ・オーガナイザーの役割だった。1 つの母親グループには、1 人の給料をもらっているコーディネーターがいる。したがって、コミュニティ・オーガナイザーは、コーディネートについては親に仕事を委譲する形態になり、より、全体を見渡すことが仕事になっていった。全体を見渡すことができるとより、社会との関係性がみえてくるようになる。

　この経験から、教育関係の仕事に就こうとする親たちが増え、高校進学や大学進学を目指すようになった。この動きをコミュニティ・オーガナイザーがとらえ、州立大学と連携して Grow Your Own Teacher として地域内での教員養成を事業化した。また、このプログラムに参加した人々は、コミュニティのリーダーとなって、政策立案者や制度提案者と対話し、教育問題について報告するようになっている。

　そして、この事業はイリノイ州の事業としてバイリンガル教員の養成、シカゴ市がペアレント・メンター事業を開始することによって、社会制度として定着していきつつある。

　コミュニティ・オーガナイザーの役割を 1 つの事業のプロセスの中で確認してみると、ニーズの発見から事業化、事業の担い手を育て側面的に支援、そして、社会化に向けた活動と変化していくことがわかる。親の中からリーダーが育つと、コーディネーターの役割を譲り、自らは一歩外側に引いて次の段階に移っていく。ここでは、母親グループを小グループ化して、1 人のコーディネーターを配置するという仕組みが構築されているが、この仕組みと同時に、親たちを信頼して任せるということができたからこそ、地域のキャパシティ・ビルディングへとつなぐことができている。この役割移譲の

テクニックが事業の発展の要であり、キャパシティ・ビルディングにおける1つのステップ・アップ・プロセスであるといえる。

ペアレント・メンター事業が16年間にここまでの社会制度化を遂げたのは、LSNAの実力であり活動の特徴でもある。組織のそもそもの成り立ちが住民の生活要求をアドボケイトして社会的に解決していくことを目的とした組織である。このため、州や市と対等に渡り合っていくためのコネクションと方法論を組織が持っていたこともこの事業の社会制度化の要因である。社会制度化のプロセスに至る前段では、丁寧に地域住民のニーズを拾い上げ、民間の補助金を使って事業を拡大、存続し、事業の有効性を証明している。

結果だけをみると、このプロセスは、コミュニティ・オーガニゼーションを学んだことがある人なら非常に教科書的であると思うかもしれない。しかし、ペアレント・メンターや地域の教員となった人々の経験談を聞くと、いかに意欲を持って自分の仕事に取り組んでいるかその熱気が伝わってくる。

7.3 考察と今後の課題

近隣住民とのネットワークとは、親や生徒や地域の住民など、学校を中心として地域の中につながっているネットワークである。生徒のほか、成人教育や校内でのボランティア、雇用、行事、インフォーマルな集まりの場を通じてネットワークが広がっていく。

このように、学校を中心にネットワークが広がっていくことが、より豊かなサービスを提供することにつながっており、コミュニティ・オーガナイザーがネットワーク構築者としてこの事業の中心となっているのである。

学校を中心とした近隣地域再生には多くのプレーヤーが存在する。地域のコミュニティ・オーガニゼーションと学校運営との関係、校長や教員、生徒、親、中間支援組織であるLISCの役割など今後さらに研究を進めるべき対象が存在する。そして、このことがいかにコミュニティのエンパワメントやキャパシティ・ビルディングにつながっているかをペアレント・メンター事業のプロセスを考察することによって垣間みることができた。

また、今後、より多様で多くの事例を通じて、地域再生すなわちキャパシ

ティ・ビルディングと学校に関する連携の方法論に迫る必要がある。特に、地域住民がインフォーマルなネットワークからエンパワメントされ、自らが地域や学校の改善の主体に転換していく過程は、より詳細に考察する必要がある。コミュニティ・オーガナイザーが住民を信頼し仕事を任せて1歩下がって支援する、「役割移譲のテクニック」については、抽象化して検討することも含めて今後さらに研究を進める必要がある。このためのヒントとして、ペアレント・メンター事業における、親の小グループ化と雇用されたコーディネーターの配置が重要であると筆者は考えている。

　このような事例をよりよく考察することで、学校を中心とした近隣地域再生の全体像をより明らかにし、包括的な近隣再生におけるコミュニティ・オーガナイザーのアプローチについてより詳しい分析を進めるとともに、アメリカ以外の国における汎用性を検証することが課題である。

8章
包括的コミュニティ開発における意思決定

8.1 参加と意思決定に関する研究の背景

　本書の中で紹介してきているコンプリヘンシブ・コミュニティ・ディベロップメント、あるいは、コンプリヘンシブ・コミュニティ・イニシアティブス（Comprehensive Community Development/ Comprehensive Community Initiatives ＝ CCIs ＝包括的コミュニティ開発）と呼ばれるコミュニティを基盤とした取り組みは、アメリカで 1980 年代後半頃から始まり、都市部の最も荒廃した地域の総合的な計画づくり、住宅供給、教育、医療、就業、経済開発、商業開発などの事業を包括的に展開して再生に取り組んできた（仁科 2010a, b）。
　アメリカにおいて、地域の問題を解決するために、コミュニティを基盤とした活動が重要であることが認識され始めたのは、1920 年代頃である（Cannan 1991, Rohe ら 1985）。19 世紀末ごろから始まったセツルメント運動においては、住民の自助努力は推奨していたが、住民自身が自らを代表する組織を作り、意思決定するといった住民参加の概念は取り入れられていなかった（Rohe ら 1985）。
　近年、コミュニティを基盤とした事業の展開において、住民参加の段階（Anstein, 1969）にみられるように、程度の差はあれ、住民が参加することは半ば当然のことであると理解されているが、住民が自ら形成した組織と異なり、CCIs のように、外部の組織がある近隣地域に介入し（仁科 2010a）、長期的に事業を推進していく場合は、住民の参加を得るために様々な工夫が必要である。その事業計画及び展開の過程において、いかに住民の参加を促しつつ意思決定を行っていくかは、その事業自体の成功のための重要な要素である。特に CCIs では、地域におけるキャパシティ・ビルディングを目的と

しており(仁科 2010a, b)、この点で住民の参加は不可欠である。モーガン(Morgan)は、近隣開発について「ほとんどの成功している事業は、その地域に住む人や影響を受ける人、通常は住民によって民主的な意思決定がなされており、リーダーシップ・ディベロップメントが行われている」としている(Morgan, 2008)。モーガンがいうように、住民が地域の再生に参加し、あるいは、主体となっていくためには、住民自身が力をつけることと、意思決定に加わることができる仕組みが必要なのである。

住民による参加と意思決定は、別の観点からも重要である。1970年代以降、近隣地域間の格差が拡大し、同じ都市の中でも、生活に関するニーズは多様化した。このため、従来のソーシャル・サービスや一般の施策では、対応しきれない問題が山積し始めた。これによって、CCIsのようなコミュニティ・アプローチは、重要な支援策となったのである。さらに、CCIsのように、特定の地域に巨額の資金が投入されるような事業手法や、包括的なサービス展開が必要な事業にあっては、事業の透明性の確保、住民のニーズの汲み上げ、地域の持続可能性といった観点からも、住民参加と住民による意思決定にかかる比重が高じてきた。

8.2 研究の目的と意義

CCIsでは、地域に介入して事業を進める「推進主体」(Lead agency)であるコミュニティ・オーガニゼーションに資金が提供され、その組織を中心に地域で活動している他の組織やあるいは、専門的な技術を持った組織や人材が投入されていくことによって地域密着型の包括的な事業が成り立っている。ある近隣地域において、合衆国政府、州政府や助成財団から地域に事業資金が流れる仕組みの中には、受け皿となる地域組織の存在が不可欠である。その組織が地域において住民を代表する組織であるかは、その組織が地域における民主的な意思決定の機関として機能しているかどうかであり、これは、助成財団や中間支援組織[22]にとって資金提供をする場合の1つの判断材料と

---

22) 非営利の地域組織と財団の間に立って様々な活動を支援する組織のこと。インターミディアリー(intermediary)とも呼ばれる。

なっていると考えられる。

　グリックマン（Glickman）らは、近隣地域を開発する主体の能力のうち、コミュニティを支援し、マネジメントしていく能力は、資金提供団体が注目している点の1つであると指摘している（Glickmanら1998）。また、近隣地域における開発の財源が、助成財団から地方政府、地方政府から合衆国政府へと広がってきたことに鑑み、Roheらが指摘しているように、CCIsを含む近隣地域を基盤とした計画、及びこれに基づく事業の実施が、所得の再分配の仕組みの1つとして全米で発展しつつある（Roheら1985）とするならば、なおさら組織と地域とのかかわりは重要である。

　本研究においては、CCIsの実践について、住民とコミュニティ・オーガニゼーションとのかかわり、及び住民による意思決定のあり方を通して明らかにする。また、外部からの地域介入に際しての組織の位置づけと意思決定構造のあり方を明らかにしていく。CCIsはそもそも、地域からのボトム・アップの活動ではなく外部の組織である助成財団や中間支援組織が立案し、地域に支援や活動を広げていくものである。このような手法において、いかにして住民参加や意思決定というものが確立し、運営されていくのかを考察する。

8.3 先行研究

　チャスキン（Chaskin）らは、コミュニティを基盤とした近隣再生における事業主体と地域との関係について、ネイバーフッド・ガバナンスの構造と形成、地方政府との関係として考察し、次の3つの指摘を行った（Chaskinら1997）。

1) ネイバーフッド・ガバナンスにおいて最も問題となるのは、組織と地域の関係である。どのように代表を決めるか、その正統性はどのように証明されるかが重要である。
2) 地域の個人、組織、地方政府などに所属する人々がどのような役割を担うかが重要である。地方政府と住民の両者の参加は、仕組みの中に要求を組み入れるきっかけとなる。さらに、資源へのアクセスや、カ

テゴリカル・アプローチへの塀を取り去る、専門的プランと草の根の活動をつなげることが重要である。
3) ネイバーフッド・ガバナンスが長期的に存続していくためには、他の組織や自治体、カウンティ、州政府など司法権や財源を持つ主体と一緒に成長できるかどうかが重要である。

ここで、チャスキンらがいうガバナンスとは、計画と意思決定、事業の推進のメカニズムとプロセスをさすと同時に、説明責任と行動の着手に関する責任をも含む（Chaskin ら 1997）。

8.4 研究対象

シカゴ市において、ローカル・イニシアティブ・サポート・コーポレーション（Local Initiatives Support Corporation 以降 LISC）と呼ばれる中間支援組織の支援により、16 の近隣地域においてニュー・コミュニティ・プロジェクト（New Community Project 以降 NCP）と呼ばれる CCI が展開している。これらの各近隣地域においては、リード・エージェンシー（Lead Agency）と呼ばれる事業を推進するためのコミュニティ・オーガニゼーションが中心となって、地域における包括的な事業の計画、実施及び補助金の受け入れ先として機能している。このプロジェクトでは、いくつかの近隣地域が合併して事業を実施しているため、16 の近隣地域に対して、14 組織が活動している。研究の対象は、これらの 14 組織としたが、このうちいくつかの組織は、詳しい資料やインタビューを行うことができなかったため、最終的には、このうち 8 組織から得た調査結果を分析の対象とした。

8.5 コミュニティ・レベルでの住民参加と意思決定

(1) 近隣地域におけるコミュニティ・オーガニゼーションの基本的な構造と位置づけ

対象とした 8 つの地域は人口規模では、約 2 万人から 9 万人となっており、日本の市町村程度の規模があると考えてよい。これらの地域に 1 組織のコ

ミュニティ・オーガニゼーションが事業推進主体として設置され、地域の他の組織や、外部の専門家などを巻き込みながら事業を推進している。

まず、組織の設立について考察してみると、1962年に設立されたローガンスクエア・ネイバーフッド・アソシエーション（Logan Square Neighborhood Association）やバイカーダイク・リディベロップメント・コーポレーション（Bickerdike Redevelopment Corporation）のように、約40～50年間地域で活動をしている組織がみられる一方で、クォード・コミュニティ・ディベロップメント・コーポレーション（Quad Communities Development Corporation）やティームワーク・イングルウッド（Teamwork Englewood）のようにNCPの推進のために新たに設立された組織がみられる。

一般的に、地域開発組織には、①公民権運動など1960年代の社会運動が盛んな時代にこれらの運動組織を元に生まれた組織、②1973年以降、国全体の運動論的な動きではなく地域の状況に即して生まれた組織、③1981年以降、レーガン大統領のコミュニティ開発プログラムに対する予算削減後の組織の3つのタイプがあるといわれている（Vidal, 1992）。

以下にここで研究対象とした組織の概要を示す。

ローガンスクエア・ネイバーフッド・アソシエーションは、1962年、ソウル・アリンスキーが提唱したコミュニティ・オーガニゼーションの方法論（Hoffman, 2010）に則ってアドボケティブな組織として立ち上がり、地域のために様々な事業を行う組織に移行していった。対象地域は、南アメリカからのヒスパニック系住民が多く居住する地域であり、この地域では1960年以降に人口は大きく伸びている。移民が多い地域のため、ローガンスクエア・ネイバーフッド・アソシエーションは、バイリンガル教育や法的サービス、地域の安全、住宅などの多様なサービスの供給主体として、様々な分野での活動を展開してきている。

バイカーダイク・リディベロップメント・コーポレーションは、1967年にシカゴ市北西部の近隣住民が住環境の悪化や、地域に空き家が増えたことに対して危惧を覚え設立された。地域から工場が移転し、失業者が増え、人々は仕事を求めて郊外へと移住していった。近隣地域環境はすぐに悪化し、銃声や犯罪が多くなった。そこでコミュニティの衰退から立ち直ろうと、コ

ミュニティ・オーガナイザーと地域の住民が一緒にバイカーダイクを立ち上げた。バイカーダイクの活動範囲は、シカゴ市の西部地域を中心とした。当初は、この地域で低所得者の住宅を供給することから始まったが、42年間の活動のうちにその内容は様々な側面へと広がった。現在のバイカーダイクでは、住宅供給、プロパティ・マネジメント、経済開発、リーダーシップ・ディベロップメントなどを手掛ける。バイカーダイクはメンバーシップによる会員組織であり、現在、600人の個人会員と40組織の法人会員を持つ。このメンバーシップは、地域の居住者や地域で仕事をしている人ならだれでも年会費を払って参加することができる。

　シカゴ・ローンにおいて活動する**グレーター・サウスウェスト・ディベロップメント・コーポレーション**（Greater Southwest Development Corporation）**とサウスウェスト・オーガナイジング・プロジェクト**（Southwest Organizing Project）は、NCPがスタートするにあたって、合同の組織を形成した。1960年代後半この地域は、人種的な摩擦により暴動が起きるなど、治安上、市場の開発にそぐわないと判断されるような歴史的な状況にあった。グレーター・サウスウェスト・ディベロップメント・コーポレーションは、1974年に設立され、主に地域の経済再生、メインストリートを中心とした行事の主催、持ち家開発、住宅や住宅ローンに関するカウンセリング、高齢者住宅の供給、産業の保持などを行ってきたコミュニティ・ディベロップメント・コーポレーション（Community Development Corporation、以降CDC）である。一方、サウスウェスト・オーガナイジング・プロジェクトは、1988年から暴力への反対、教育、住宅、移民、リーダーシップ・ディベロップメントを中心に活動をしてきた組織である。2つの組織はそれぞれに得意分野を持ち、地域に深く根ざしていたことから、NCPのスタートにあたって共同することにした。いずれの組織も、地域において長い活動歴を持っており、NCPの開始にあたり活動の中心となることは、住民も地域の他の組織も当然のことと納得している。

　エンレイス・シカゴ（Enlace Chicago）、**グレーター・アーバン・グレシャム・ディベロップメント・コーポレーション**（Greater Auburn-Gresham Development Corp.）は、いずれも1990年代以降に設立されている。アメリカ

合衆国統計局の調査に基づく統計では、ちょうど1980年から90年代にかけて、エンレイス・シカゴが立地するリトル・ビレッジで白人の大半が転出し、ヒスパニック人口が地域の大半を占めるようになった。そして、ある地域では治安が悪化し、暗くなってから歩くのがためらわれるようになった。そこで、非暴力を推進し、文化、教育、また、経済開発などを推進するエンレイス・シカゴが活動を始めることになったのである。

グレーター・アーバン・グレシャム・ディベロップメント・コーポレーションは、地域における、新たな経済開発、地域住民の社会福祉サービス、及び住宅開発をもたらすために2001年に設立された。地域には古くからのカソリック教会を基盤とした組織が存在するが、この組織が運営する就業支援事業、及び、住宅サービスと共同して活動を行っている。比較的新しい組織ではあるが、NCPのために形成された組織ではない。

ところで、イースト・ガフィルド・パーク（East Garfield Park）において活動しているパーク・コンサバトリー・アライエンス（Park Conservatory Alliance）は、温室のある公園を管理することを目的に設立された団体である。植物との触れ合いを通した教育活動や、住民の憩いの場としての公園管理によって地域との深いつながりを持っており、公園活動を通じた地域変革を目指しているが、コミュニティ開発を担う組織として、その活動の内容は異色である。

NCP事業の中では、これらの組織はリード・エージェンシー（Lead Agency）と呼ばれ地域を代表する組織として、計画の立案、実行、補助金の受け皿、地域への補助金の配分などの役割を果たしている（仁科 2010a, b）。

(2) 意思決定の基本的な仕組み

これらの組織は共通してボード（Board）と呼ばれる委員会を決定機関として有しており、計画策定、これらの組織が実施する事業、予算の執行、雇用など組織で行うすべての活動については、この委員会が決定権を持っている。ボードメンバーは、地域の住民や地域で仕事をしている人物、あるいは地域をよく知る人物が選ばれている。結果的に地域の教会のメンバーなどが選出されている場合が多い。その数は6名から10数名と幅があるが、中に

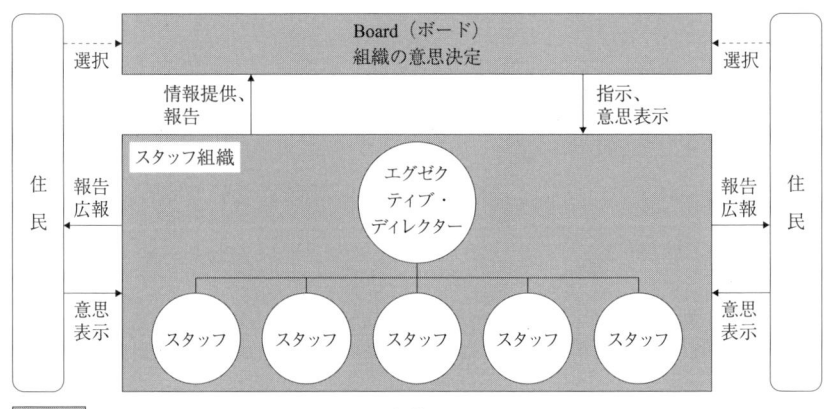

```
                    Board (ボード)
                    組織の意思決定

住民  選択 ←→                        ←→ 選択  住民

          情報提供、       指示、
          報告            意思表示

      スタッフ組織
                    エグゼク
                    ティブ・
      報告            ディレクター       報告
      広報                            広報

                    ┌────┬────┼────┬────┐
      意思         スタッフ スタッフ スタッフ スタッフ スタッフ   意思
      表示                                              表示

    ▨ ：コミュニティ・オーガニゼーションの組織
```

図 8-1　組織の構造と意思決定
インタビュー調査及び資料に基づき筆者作成

は人数が決まっていない組織もある。

　インタビュー調査において「ボードメンバーこそが組織の顔である。ボードメンバーは、ただの役員ではなく、地域での積極的な活動者でもある」と説明されたが、組織の中心として活動すると同時に、意思決定の権限を有する。つまり組織の意思決定は、ボードが行う。では、どのような場合において、地域を代表する組織の意思決定はすなわち地域住民自身の意思決定であるといえるのであろうか。

　このことを明らかにするために、ここでは、その組織構造を検証し、その役割と位置づけをより明確化することにする。そのためには、ボードメンバーがいかに選ばれ、どのように住民の意思を反映しているかという関係性を明らかにしなければならない。

　ボードメンバーは、教会の関係者、都市計画や住宅供給にかかわる部署の市の職員、住宅事業者、教育者、弁護士、コミュニティ・リーダー、金融機関の主要な役職者など、事業推進のうえで、知識や経験を生かすことができる人材が巧みに組み込まれている。

　図 8-1 に示すように、組織の構造は、概ね意思決定機関であるボードと、その下部組織である実働的なスタッフメンバーで構成されている。この点は、

調査対象としたすべての組織で共通している。

　これらの仕組みについて、もう少し詳細に考察してみよう。

　ボードは組織の代表であり、意思決定を行う機関である。この意思決定によって、スタッフ組織が、どのように事業を展開し行動するかが決まる。ボードは、エグゼクティブ・ディレクターを含めたスタッフの雇用決定も行っている。ボードメンバーによる定期的な会議は、いずれの組織においても月に1回程度開催されている。そのため、現実的には、実務上の細かな采配はスタッフに任されているといってよい。

　ボードが意思決定機関であるとするならば、このメンバーがどのように選ばれているかは、地域の民主主義の観点からも重要である。いくつかの組織ではルールに基づき、ボードメンバー選出のシステムを有していることがわかった。8つの組織のうち、バイカーダイク・リディベロップメント・コーポレーション、ローガンスクエア・ネイバーフッド・アソシエーションの2組織は、いずれも選挙によってボードメンバーを選出している。これらの組織はいずれも、比較的長期にわたって地域で活動を行っているという共通性がある。したがってこれらのボードにおける決定は、間接的な住民の決定とみなすことが可能であろう。

　どの程度の人数の住民がかかわっているかという点では、たとえば、最も整然としたシステムを持っていると考えられるバイカーダイク・リディベロップメント・オーガニゼーションの場合、人口6万6,000人の地域で、ボードメンバー選挙への参加権があるのは、600人の会員と法人会員40組織の代表である。実際には、ボードメンバーの選出は、きちんとしたルールをもって定期的に実施している組織と、ボードメンバーや推薦委員会などの別組織からの推薦によってメンバーが決定しているもの、あるいは細かいルールなどが定められていない場合とがみられた。たとえば、アーバン・グレシャムで開催される経済開発委員会は、もともと地域に設置されていた委員会であり、メンバーがそのままボードメンバーに移行している。月に1度開催される委員会では、地域に進出を希望する事業主がプレゼンテーションを実施し、進出の賛否を委員会が決定する。こうした決定は必ずしも法的な拘束力を持つものではないが、委員会の決定は、住民意見の反映と事業主側

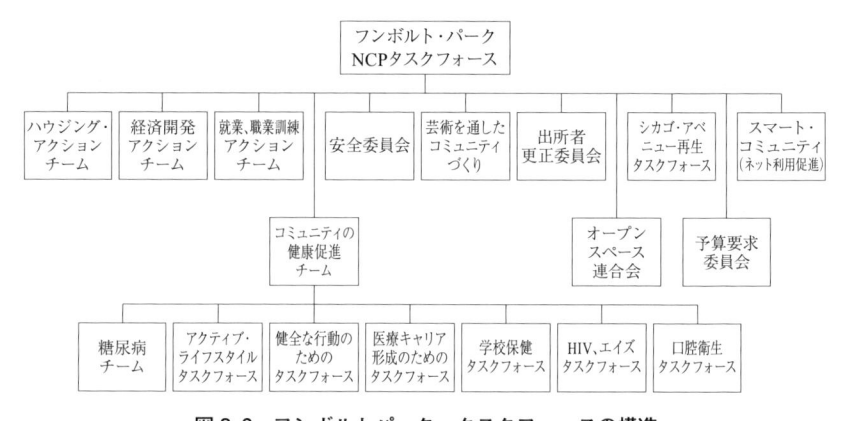

図8-2 フンボルトパーク・タスクフォースの構造
出典：2009 Annual Report Bickerdike Redevelopment Corporation

に捉えられ、敬意を持って厳粛に受け止められている。

ボードメンバーの選出を通じた間接的な意思決定への参加のほかに、これらの組織はもう1つの住民参加の仕組みを備えている。それは事業計画や事業の推進を行う段階で、直接住民の参加を得る仕組みである。計画段階においてすでに住民の参加が始まっているのだ。教会、学校、既存の組織などでの呼びかけなどによって、参加を募る方式や、既知の住民への直接の呼びかけ、チラシや電話による呼びかけなどによって、いずれの組織も計画段階での住民参加を得ている。

シカゴ・ローンでは、計画段階で、広く一般に呼び掛けるとともに、100人のコミュニティ・リーダーをリストアップして参加を呼びかけ、タスクフォースを形成した。同様にフンボルト・パークにおいても、住民の参加のもとにタスクフォースが形成され、それぞれの関心の深い分野において住民が意見を述べる機会が設けられた。図8-2をみると、組織はタスクに従って形成されていることがわかる。

事業の推進段階においては、コミッティ（committee）と呼ばれる小委員会を設置し、このメンバーとして住民が特別に参加している例がみられる。8つの事例のうち、7つの地域でこうした小委員会が設けられている。たとえば、フンボルト・パークでは、安全、健康、ウェルネス、雇用、デジタル・

テクノロジーの5つの小委員会を設けている。また、アーバン・グレシャムでは、住宅、商業開発、経済委員会などが設けられているが、これらは、計画段階で形成されたものがそのまま継承されている。ローガン・スクエアでは、住宅、健康、仕事、産業、青年、安全、移民、教育の8つの小委員会を設置し、それぞれに担当のスタッフが進行を担当しているが、会の中心はそれぞれの事柄に関心の高い住民が担っているとしている。

いずれの地域の小委員会においても、住民はその場で直接議論し、話し合い、参加することが可能であり、固定のメンバーだけでなく、住民誰もが参加することが可能であるとしている。呼び名は異なるが、イングルウッドにおける事業推進上のタスクフォースも、他の地域の小委員会と内容的にはあまり変わらない。むしろより実際に住民が働いている。具体例においては、イングルウッドの安全に関する集まりでは、警察、住民、地域において活動する複数のコミュニティ・オーガニゼーションが共同で、地域安全に関するタスクフォースを形成し、住民が中心となって地域の見回りを実施している内容が報告されていた。この会は昼食会として開催されており、多くの高齢の住民が知り合いを誘って参加しているのがみられた。

このように、近隣再生を行っている組織と地域住民とのつながりにおいては、意思決定の仕組みが二重構造になっていることが考察された。1つは、住民がボードメンバーを選出することによって、間接的に意思決定を行う仕組みであり、もう1つは、計画決定や事業推進に際して、スタッフ組織のコミュニティ・オーガニゼーションによって集められた住民が、直接的に事業やその仕組みに参加するシステムである。

一般的に若い組織は、間接的に意思決定を行うシステムが未成熟であるが、長期にわたって地域で活動をしている組織は、システマティックな方法を確立している。住民が直接的に参加する方法については、アーバン・グレシャムで「計画に参加したメンバーやそこで形成された組織が、そのまま事業に移行した」と証言があったように、組織の成長とともに、徐々に形成されていくものであると考えられる。

(3) 意思決定への住民のかかわりと
コミュニティ・オーガナイザーの果たす役割

①住民の参加とコミュニティ・オーガナイザーのかかわり

　ボードメンバーは実際に小委員会や地域で開かれる大きな会議などの場に参加する場合もあるが、本職を別に持つ無給の役割として組織にかかわっている場合が多く、有給のスタッフであるコミュニティ・オーガナイザーが、日常的に住民とつながりを持っている。

　ガンブル（Gamble）とウェイル（Weil）は、2010年に書かれた著書の中で、コミュニティ・オーガナイザーの役割について論じ、コミュニティ・オーガナイザーは、あくまでオーガナイザーであって、決して地域のリーダーではなく、地域の人々が自らのリーダーシップを開発することを助け、住民たちのグループが問題解決や意思決定を図るためにオーガナイズするのが役割であると指摘している（Gambleら2010）。

　計画の策定や事業の実施において、まずコミュニティ・オーガナイザーは、住民の参加を募るために、電話、チラシ、メール、キーパーソンへの声掛けなど多様な手段で呼びかける。また、小委員会は、住民中心の運営が行われる。コミュニティ・オーガナイザーはスタッフであり、会のファシリテーターとして、人々の意見をうまく引き出す役割を担っている。こうして引き出された内容をボードに提供することと、地域に対してより広く広報することが、住民参加を進めるうえでのコミュニティ・オーガナイザーの役割となっている。このように住民が主体的に参加をしていくためには、リーダーシップ・ディベロップメントが必要となるのである。

②ボードの意思決定に関するコミュニティ・オーガナイザーのかかわり

　定期的に開催されるボードメンバーによる会議は、コミュニティの意思決定の場である。図8-1に示すように、スタッフであるコミュニティ・オーガナイザーは、小委員会やタスクフォースなどで汲み取った課題や計画、実施内容などをボードに対して意思決定に必要な情報を提供する役割を持っている。ボードは、コミュニティ・オーガナイザーたちの雇用者であり、コミュニティ・オーガナイザーは、事業の推進にはかかわるが、意思決定には関与

しない。

8.6 考察と今後の課題

CCIs の仕組みを住民の意思決定と参加という側面から考察してみると、いくつかのことが明らかになった。

(1) 既存の組織の仕組みを使う

事業の対象地域の中に、すでに近隣地域に密着して活動している組織が存在する場合には、この組織が持つ住民とのコネクションや意思決定の仕組みを活用していくやり方がみられる。このやり方は、合理的かつ効率的であり、地域にすでになじんでいる組織は新規事業導入や外部からの介入に対する緩衝体ともなっている。

(2) 近隣地域をターゲットとすることで住民の参加が不可欠となった

ローへは、CCIs を含む近隣地域を基盤とした計画、及びこれに基づく事業の実施が、所得再分配の仕組みの1つとして全米で発展しつつある（Roheら 1985）というが、このようなシステム自体はなぜ必要になったのだろうか。ウィルソンは、近隣地域の変化についてシカゴ市をモデルに詳細なデータを使って次のように指摘している（Wilson, 1987）。

　1960年代以前の都市部のコミュニティは、労働者階級や中産階級専門職の家族など様々な階層が居住しており、なおかつコミュニティとしての一体感があった。そこでは社会的緩衝装置が働き、犯罪を未然に防いでいた。しかし、1970年代にアメリカの大都市において産業構造の転換が起こった。都市部にあった工場は転出し、非熟練労働者は職を失い、これらの人々は、サービス系業種への転職がうまく行えなかった。このために、特に若い男性は職を得るのが困難になり、結婚して家庭を持つだけの経済力を維持することが難しくなった。中産階級や労働者階級が都市部から出て行ってしまったため、コミュニティが機能不全に陥り社会的緩衝装置は失われてしまったのである。経済成長の停滞や

表8-1 コミュニティ・オーガニゼーション

組織名	エンレイス・シカゴ	クォド・コミュニティ	バイカーダイク
設立	1990年	2003年	1967年
成り立ち	地域問題解決のため	NCPのために新組織として設立	地域問題解決のため住民が中心となって設立した組織
ボードメンバーの任期、選出	役員6名 任期3年 選挙ではなく、他の役員やエグゼクティブ・ディレクターの推薦によって決める 顧問が8名	役員8名 地域の公営住宅のリーダーを含むメンバー 選挙によらない決定	役員15名 誰でも役員に立候補することができる バイカーダイクは地域住民600人と40組織が参加する。役員の改選には、15%を超えるメンバーの賛同を必要とし、選挙では50%+1票の得票を必要とする
ボードメンバーのプロフィール	ボードメンバーは、教会関係者、地域の有職者など 顧問には、金融機関関係者、シカゴ市住宅局の担当者を含む	既存の地域組織のリーダー、TIF、開発のアドバイザー、開発事業者、学識経験者（シカゴ大学）、開発局、および住宅局の担当者、住民の代表	地域の居住者、事業者、バイカーダイクが供給した住宅の居住者を含む
計画段階における住民参加	計画段階においては、地域の教会、学校、事業者、青少年関連の事業、他の組織などのメンバーが参加 住民に対しては、チラシを配って参加を呼びかけた	地域の主要な組織、住民に参加を呼び掛けによって地域住民75名を含む250名の参加によって計画が策定された	地域での活動の長い歴史があるため、計画策定においても比較的容易に住民の参加を得ることができた
事業推進段階における住民参加	計画に参加したメンバーがそのまま事業に参加している 参加者は、事業の推進においてそれぞれの役割を担うようになっている	常に事業のあり方を地域の状況に照らして考えている 住民自身のアイディアを実現する仕組みを持っている	事業の推進においては、委員会、小委員会が無数にあり、誰もがこれらの委員会に参加できる体制がある
小委員会（コミッティー）の設置	事業ごとに、長期、および短期の員会を設置し事業を推進している	役員会および委員会を設置して、住民の参加を実現している	安全、健康、ウェルネス、雇用、デジタル・テクノロジーの5つの小委員会がある

ヒアリングに基づき筆者作成

8章　包括的コミュニティ開発における意思決定

の概要と住民参加の仕組み

ティームワーク・イングルウッド	アーバングレシャム	パーク・コンサバトリー・アライアンス	ローガンスクエア・ネイバーフッド・アソシエーション	GSDC+サウスウエスト	
2003年	2001年	1995年	1962年	1974年と1988年	
NCPのために新組織として設立	地域生活改善事業の実施のために設立	地域の植物園を拠点として、地域変革活動を行うための組織として設立	政治的要求運動を発端として設立	外部組織 2つの組織が共同リードエージェンシーを受託	
役員の任期は1年間	役員15名と2名の顧問 地域にもともとあった経済開発委員会がGADCの役員に移行した	名誉職、任期付き、あるいは、任期なし 役員が次の役員を改選する	役員は11名 毎年4月に新しい役員がノミネートされ、選挙がおこなわれる。任期は1年だが再び当選すれば2年まで務めることができる	数や任期は規定されていない 役員のなかで推薦され、4半期に行われる会議において決定される。参加者は50〜150人程度	
事業者、宗教関係者など	教会関係者、教育関係者、地域の事業者、地域住民のリーダー	公園関係者など	教会関係者、事業主、開発事業者、住宅供給者、弁護士 ボードメンバーは組織の顔であり、事業の中心 実際に事業を推進する	宗教関係者、法律、ソーシャルワーク、金融機関、住宅のリーダーなど	
他のコミュニティ・オーガニゼーションや地域事業者、ブロック・クラブ、教会などに対して電話による参加を呼びかけた	教会、ブロック・クラブ、地域で活動する他の組織を通じて400人の参加を得た	コミュニティ会議を開き、住民、ビジネスオーナー、関係者が集まって参加する機会を得た	広く一般に呼びかけて住民の参加を得た	広く一般に参加を呼びかけるとともに100人のコミュニティ・リーダーをリストアップして参加を呼びかけ計画のためのタスクフォースを形成した	
教育、健康、安全に関して住民が参加するタスクフォースがある 毎月行われる会議に住民が参加している	計画に参加した市民やリーダーが引き続き、計画の推進に参加している	月に一度コミュニティ会議を開き住民や関係者が参加できる機会を設けている 住民は住宅、オープンスペース、学校に関して強い関心を示して集まっている	住民で作る委員会を設置月に一回以上の会議を開催している	過去8年間に数百人の地域住民の参加を得ている	
委員会には、住民は参加していない	住宅、商業開発、教育、経済機会委員会など計画段階で設立されたものが多い 経済開発、芸術、フェスティバルなど多数の住民が参加	住民の参加による委員会はないが、ステイクホルダーの参加する委員会はある	住宅、健康、仕事、産業、青年、安全、移民、教育の8つの委員会を設置している	複数の小委員会がある	

周期的な景気後退、都市の産業構造の変化によって引き起こされた長期・大量失業は、社会的緩衝装置の喪失による、集積効果（不利な立場に置かれた人々が圧倒的に多い地域で見られる機会の制約）と社会的孤立（アメリカ社会の主流をなす人間や施設との日常的な付き合いやかかわりがない状態）によりもっと深刻化した。

都心部におけるこのような変化は、地域間の格差を拡大し、もはや、代表制民主主義による政策が特別なニーズを有する貧困地域に合致したものではなくなり、カテゴリカル・アプローチは、地域全体の停滞に対して効果を持たなくなったのである（Chaskinら 1997）。このような貧困地域の抱える問題に対して、コミュニティをターゲットとして必要なサービスを展開し、地域固有の問題の解決策を求めた1つの策がCCIsなのである。近隣地域をターゲットとすることで、地域住民の参加が必要不可欠となった。

(3) 住民参加の2つの意味

第1の意思決定プロセスとして、住民はボードメンバーを通して、間接的に計画や事業の実施にかかわる意思決定を行う。端的には、住民が選挙などによって選んだボードメンバーが意思決定を行うという間接的な意思決定のプロセスである。回答があった8つのコミュニティにおいては、いずれも住民全体を対象とした選挙のシステムは持っていなかった。もっとも全米においてそのようなシステムを持ったコミュニティ・オーガニゼーションはないだろう。そのようなものがあれば、それはすでに地方政府である。対象地域の人口は約2万1,000人から9万1,000人となっており（表5-1）、規模としては日本の市町村ほどもあり、もし全体で選挙を行うとすればかなり大規模なものである。

ボードメンバーは、地域の住民のリーダー、教会関係者、金融機関の関係者、事業者など、地域をよく知り、地域に関係が深い人材が担っている場合が多い。先にいかに組織が地域にとって正統なものかは、ボードメンバーが住民とどのようにかかわっているかによって決まると述べたが、どれだけ多くの住民がその選択に参加したかよりは、いかに住民から信頼され、地域の

問題や実態を把握しているかが重要である。民主主義的な形態は、住民自らが地域のリーダーを選出し事業を進めていくことであると考えられるが、これには長い間の経験とリーダーシップ・ディベロップメントが必要である。NCPでは、地域に古くから活動している組織を活用して事業を展開しているものと、事業を始めるために新たに組織を立ち上げたものとがあるが、古い組織はボードメンバーの選出をシステム化しているものが多くみられた。

次にもう1つの住民の参加のシステムは、小委員会のような形で、事業の項目ごとに広く地域の住民が参加し活動する機会を設けている。ここでは、住民は、ボランティアとして実際に事業に参加している場合、計画や事業推進に対する意見を戦わせる場面もみられる。小委員会で立案された事業推進計画や実施プログラムは、ボードによって承認され、推進されていくことになる。この仕組みは、住民の中にリーダーシップを育て、主体化をすすめる。このように住民参加は、少なくとも、2つの意味を持っている。

(4) 住民と組織との関係づくりがコミュニティ・オーガナイザーの1つの役割である

事業推進上、コミュニティ・オーガナイザーの役割は多様である。事業への住民の意思の反映という点に限ってみると、コミュニティ・オーガナイザーの役割は、住民と組織との関係構築、住民のリーダーシップ・ディベロップメント、住民参加の促進、ボードメンバーへの情報提供、住民への広報となる。経済的に不利な地域では、高い失業率、未婚率、貧困率などを抱え、人々は生活もままならない状況である。このような中で、リーダーシップ・ディベロップメントや、事業への参加を推進することは容易ではない。

(5) 参加への工夫

住民参加は、常に組織にとって大きな課題である。より多くの参加を募り、最も困窮度の高い人々や貧困な世帯が事業に参加するためには、いくつかの工夫が考察された。1つは、近隣地域内に存在する別の組織などに対して情報を発信し、このサブ・グループに対して所属する人々の参加を呼び掛けてもらう方法がよくとられている。次に、朝のコーヒーを街角で提供しながら情報を発信する、会議にドーナッツとコーヒーを用意する、フリーランチを

会議で出すといった食事つきの行事には、多くの高齢者が参加する。物品の提供もまた参加者が増える工夫の１つとなっている。地域のドラッグストアー・チェーン店の協賛により、試供品などを配る、あるいは、９月の新学期に向けて学校で必要な学用品を配布するといったことが行われている。アメリカの公立学校では、新学期には、鉛筆、消しゴム、ノート、色鉛筆、はさみ、ティッシュペーパー、手洗い用の石鹸など、１年間に使用する学用品や学校生活に必要な品々を集めてクラスで管理することが多い。これらを購入すると、数十ドルの出費になる。このため、学用品が配布される時には、長蛇の列ができるほどである。リード・エージェンシーは、このような様々な工夫によって、住民参加を推進している。このような工夫は、地域性や文化、習慣などによって異なる対応が必要である。

一方、学校を中心とした開発においては、チラシや、フォーマルな広報による参加の呼びかけのほか、知り合いからの情報や友人から口頭で誘われるなどのインフォーマルな呼びかけによって、より多くの人々が参加するということが明らかになった。校内に親が自由にきてくつろげるスペースを設けたことによって、コミュニティ・オーガナイザーと親との関係にも多様性が生まれ、住民の参加が必要な時の声掛けに役立つという。このような住民参加にかかわる小さな工夫は、蓄積して開示することで、地域を問わずに簡単に使えるものが多い。

(6) 住民参加へのアウトリーチの必要性

コミュニティ・オーガナイザーの重要な役割の１つとして、住民参加のためのアウトリーチがある。サブ・グループや他の地域組織などに関連する人々に様々な参加を促す工夫をすることが重要な課題となっている。

(7) まとめと課題

CCIs は、時限的かつ助成財団による私的な事業であるため、統計や記録などが乏しい。このため、今回シカゴ NCP の８つのコミュニティを対象とした研究にならざるを得なかった。しかし、限られた対象ではあったがその住民参加の手法について考察できたことは１つの成果である。何よりも、現

場で働くコミュニティ・オーガナイザーや参加者の生き生きとした活動のさまを目の当たりにし、そのほとばしるエネルギーを感じることができた。

地域再生のためのコミュニティを基盤とした取り組みの手法として、住民参加と住民の意見の反映は不可欠であるが、この前提として NCP の計画段階で多くの住民及び地域組織の参加があったことが重要である。これによって、計画とこれに基づく事業が地域住民主体のものとなって推進されるのである（第 5 章、仁科 2010a）。CCIs の持つ住民の意思決定の仕組みや手続き自体は、日本の社会福祉協議会の理事会を頂点としたシステムとさほど変わりはない。しかし、CCIs には、自治体のバックアップや親組織はなく、単独の事業体として、地域住民を代表し、地域住民のために働くという目的が徹底されている。

この研究から、CCIs における住民参加の 2 つの意義をみいだすことができる。

1 つは、民主的意思決定システムとしての住民参加である。地方自治体の中での地域格差が拡大し、公的な施策が地域住民のニーズに的確に対応できない状態が生じている中で、地域を基盤として活動する非営利組織の「公」としての役割は拡大している。そして、その活動資金は、主に助成財団、中央、地方政府からの補助金によって賄われていることによって、一層事業や組織の公共性が高まっている。このため、住民参加による民主的で公正な意思決定システムが極めて重要になってくるのである。

2 つ目に、住民自身が力をつけていくためのキャパシティ・ビルディングとしての住民参加である。外からやってきた事業体が地域のためにサービスを展開するだけでは、資金がなくなれば利益も終了する。住民自身が自律の力をつけていくために事業に直接参加することによって事業の仕組みや推進方法などを自ら学びとっていくのである。リーダーシップ・ディベロップメントに活用することも可能である。これによって、持続可能な地域の発展が担保されていく。

第 1 の住民参加は、組織や地域での取り組みが成熟し、長期間にわたるにしたがってより洗練されていくと考えられる。なぜならば、事業者や主体の公共性が定着し、不動のものとなっていくからである。このことは、ここで

取り上げた事例の中で、地域での活動歴が長い組織ほど意思決定システムにかかわる住民参加の仕組みが発達し、民主的な運営が重視されていることでも明らかである。このポイントは、組織の成熟度や助成財団が助成を行う際の判断基準としても重要である。逆に地域住民による民主的な決定システムを欠いた組織は、事業力があっても「公」としての位置づけからははずれるものであると判断することができる。類似のシステムを持ちながら、住民自身が自らを代表する組織であると認識されなくなってきているのはこの点に課題がある。

第2の住民参加を進めるために、それぞれの組織は様々な工夫を凝らしている。タスクフォースへの参加などを考察した結果、住民は自分の専門性や技術、知識を生かしてできることには積極的に参加している。そして、実に生き生きと楽しそうに参加するのである。さらに、それが仕事になれば、継続的に参加していくことが可能である。したがって、事業の中に雇用を生み出すことの意味がここに見出される。特に失業率の高い地域では、地域に働くことができる場所のないことが最大の問題である。

本章では、アメリカの貧困地域における非営利組織の活動においての住民参加の2つの意味と目的について論述したが、次の点について研究を深める必要がある。日本においても、コミュニティを基盤としてアプローチの重要性が指摘されるようになってきているが、このアプローチの方法論をより具体的に解き明かすための研究の広がりが必要である。特に、アメリカにおいても課題となっている最貧の世帯など、地域の中での弱者の参加と意見を取り上げるためのアウトリーチの方法については、今後さらに研究を深める必要がある。このことは、地域の脆弱性の克服につながり、真にインクルーシブな地域づくりが実現されるための第1ステップとなろう。

終章
アメリカ大都市における
コミュニティを基盤としたアプローチの形成と課題

　アメリカにおいては、19世紀の末頃、大都市に形成されたスラム地域の住民に対する援助活動としてコミュニティを基盤としたアプローチが始まり、今日まで時代に合わせて変化しながら継続している。包括的コミュニティ開発（Comprehensive Community Initiatives；CCIs）は、貧困地域の改善のために、フィランソロピストのイニシアティブによって開始される。包括的なプログラムによる地域の改善ための支援が、長期間にわたる継続的な資金援助によって実施される。実質的には、地域で活動する非営利組織が実施主体となって事業を担う。その活動内容は、疑似地方政府とでもいうような公共的な性格を強く持ち、ソーシャル・サービス、保健、医療、経済開発、就業支援、雇用、教育、住宅供給、都市計画といった多様な分野に及ぶ。このようなアプローチは、これまでのカテゴリカルなアプローチによっては、もはや解決できない問題に対応するために始められたと考えられている（Chaskin, 1997）。

　近年、わが国においても、このような包括的なコミュニティ・アプローチを必要とする近隣地域は多いが、いまだカテゴリカル・アプローチの壁を越えられない。本書で紹介した包括的コミュニティ開発は、その壁を越える1つの手法である。

　第1部については、歴史的な背景の中で、アメリカの大都市においていかにコミュニティ・アプローチが形成されてきたかを論じた。ここでは、最終的なまとめとして、コミュニティ・アプローチの形成過程と社会政策及び政策理念との関係性について論じる。このことから、国家や地方政府が主導権を持つ大きなシステムから、コミュニティという小さなシステムに転換することの意味とその根底にある理念を明らかにした。

　第2部では、包括的コミュニティ開発（CCIs）についての全体像とその仕

組みの中で極めて重要である「住民参加と意思決定」及び、そこでコミュニティ・オーガナイザーが果たす役割について具体例からみた知見について論じた。

そして、最後にここでコミュニティ・アプローチが持つ意味と限界についても論じる。

（1）社会政策としてのコミュニティ・アプローチ

コミュニティ・アプローチの歴史的な流れを検証する中で、社会政策の中でのコミュニティ・アプローチの位置づけが明らかになった。政府の施策がない時代において社会政策補完機能的に始まった民間活動が政策化されていくプロセス、中央集権より地方分権、保守的傾向との親和性、小さな政府主義とコミュニティ・アプローチへの傾倒がみられた。

歴史的には、コミュニティ・アプローチは、スラムのように、社会的に不利な状況の人々が集中して暮らす地域に対して、慈善やヒューマニティの観点から中産階級が政策の欠落を補完する形で始まった。このような政策補完機能はアメリカ以外の国においてもよくみられることである。民間の活動がやがて政策に取り入れられていくという過程もコミュニティ・アプローチの歴史の中で何度か確認された。アメリカにおいては、この過程において、民間活動から中央政府への人材の登用が行われたことで、その方法論や戦略が効率的に政策に取り入れられていった。アメリカにおいては、ジョンソン政権下でコミュニティ・アクション・プログラムとしてコミュニティ・アプローチが国家による制度として成立すると同時に住民参加がシステムとしてそこに組み込まれるようになった。

コミュニティ・アプローチの発生から発展の歴史をみていくと、いくつかの普遍的な原則が見出される。コミュニティ・アプローチは、中央集権の時代には縮小し、地方分権の時代により活発化する。コミュニティへの憧憬は、古き良き時代のアメリカ社会の理想への回顧であり（渡辺 1972）、この意味では、コミュニティを基礎的な単位とする考え方は、保守主義とのつながりが強い。1980年代後半頃になると、小さな政府主義との関連性が強化された。また、福祉改革により担い手の民営化が進むと、近隣地域で活動する非営利

終章 アメリカ大都市におけるコミュニティを基盤としたアプローチの形成と課題 177

組織など様々な主体がコミュニティ・アプローチにかかわりを持つようになった。

(2) 対象地域の明確化と住民の参加

　まず、コミュニティ・アプローチにおいては、対象地域の明確化が住民参加を規定した側面が歴史的にみられる。コミュニティ・アプローチにおいて、地理的に明確な範囲が規定されたのは、20世紀の初頭におけるコミュニティ・センター運動と、シンシナティ・ソーシャル・ユニットによる取り組みからである。コミュニティ・センター運動では、公立学校を中心とした近隣地域が活動の範囲となったために、その利用者と学校区が規定され、アプローチの範囲が自ずから規定された。事業の範囲が明確化されたことで、ステイクホルダーが明確化され、これと同時に住民参加が始まった。コミュニティ・センター運動では、住民自身の責任ということに目が向けられ（Gibson, 1986）、自立や主体化が求められ、近隣地域の資産を共有するメンバーとして、自らコミュニティ活動に参加することが求められた。

　それでは、現代アメリカ大都市において対象地域がなぜ明確になるか。それは、歴史的に形成されてきたセグリゲーションによるところが大きい。経済的、社会的に孤立した人々は、共通の問題や要求を持っている。これがアメリカにおいてコミュニティ・アプローチが実施されている主要因である。

(3) 近隣地域間格差の拡大とコミュニティ・アプローチの必要性

　アメリカの大都市の歴史の中でセグリゲーションが進み、コミュニティ・アプローチが重要になってきた。アメリカ大都市の中心部では、1960年代頃から白人中産階級が郊外に移動して人口が減少し始め、1970年代になると、都市の中心部には、マイノリティグループが集中して居住するようになった。シカゴのような工業都市では、同時期に生じた産業構造の転換によって非熟練労働者が職を失い、失業率は上昇した。1980年までには、治安の悪化などによって、インナーシティから中産階級が離脱して、マイノリティ人口自体も減少した。これによって、貧しい近隣地域はより一層貧しい人々ばかりが集まって住むようになり、そこに住む人々は、アメリカのメインストリー

ムの人々との交流がなくなったことで社会的にも孤立するようになった（Wilson, 1987）。このような地域間格差の広がりは、代表制民主主義による一般的な政策やカテゴリカルなアプローチによっては、もはや解決できない事態を生じた。このため、地域固有の問題を解決するために地方政府と同じような包括的な施策を展開できるコミュニティ・アプローチが必要となったのである。そして、コミュニティにおいて、住民のニーズや意見を汲みあげるシステムが必要となったのである。

（4）コミュニティにおける住民参加と意思決定

コミュニティ・アプローチにおいては、事業への住民参加と住民による意思決定はいくつかの意味で重要である。これについて、コミュニティ自律の理念についても加味しつつ論じてみる。

CCIs のようなコミュニティを対象とした事業において、対象となる近隣地域を基盤として活動を行っている非営利組織やリード・エージェンシーと呼ばれる組織に対して、数年間に数千万ドルという巨額の資金が投入される。この非営利組織は、公的機関の手の届かない地域特有の課題に対応するために、地域サービスを実施するようになる。この事業は、広い意味で公共事業である。これによって、事業の透明性やアカウンタビリティ、公平性などがより強く問われるようになり、運営の民主性や、住民による意思決定というものがより重視されるようになったのである。

CCIs は、アメリカのコミュニティ理念を色濃く映し出している。キャパシティ・ビルディングという CCIs のキーコンセプトの持つ自律の理念は、コミュニティの自律と住民の参加や、労働、教育の向上といった目標を掲げて、これらを重視する傾向につながっている。この理念は、アメリカの主流派の考え方を代表するエルウッドの提唱した自律、労働、家族、コミュニティという社会福祉改革の理念との強い共通性をみることができる。古くからアメリカに移住してきたヨーロッパ移民にとっては、自律して、住民参加と共同のもとにコミュニティを運営していくことは当然であり、政府は隙間を埋めるような形で後から入ってきた（能登路 1993）。CCIs は、1980 年代後半に、フォード財団などをはじめとするフィランソロピストによって生み出

終章　アメリカ大都市におけるコミュニティを基盤としたアプローチの形成と課題　179

された手法であり、サンデル、エルウッドらが提唱した伝統的なアメリカのコミュニティへの期待と理想を基底にしている。アメリカにおいて、社会階層の上位の層があとから入ってきた移民や貧困層に対してその価値観を共有させようとする動きはセツルメント時代から共通してみられる。

だからこそ、住民参加は、あらゆるコミュニティ・アプローチにおいて、その事業のスタンスを決める重要なプロセスなのである。

CCIsにおける住民参加について、2つの意義を見出すことができる。

その1つは、民主的意思決定システムとしての住民参加である。大都市内での地域格差が拡大し、公的な施策が地域住民のニーズに的確に対応できない状態が生じている中で、地域を基盤として活動する非営利組織の「公」としての役割は拡大している。そして、その活動資金は、主に助成財団、中央、地方政府からの補助金によって賄われていることによって、一層事業や組織の公共性が高まっている。このため、住民参加による民主的で公正な意思決定システムが極めて重要になってくるのである。

2つ目に、キャパシティ・ビルディングを目的とした住民参加である。外からやってきた事業体が地域のためにサービスを展開するだけでは、資金がなくなれば利益も終了する。事業に直接参加することによって、住民は事業の仕組みや推進方法などを自ら学びとっていくのである。これによって、持続可能な地域の発展が担保されていく。

第1の住民参加は、組織や地域での取り組みが成熟するにしたがってより洗練されていくと考えられる。なぜならば、事業者や主体の公共性が定着し、不動のものとなっていくからである。このことは、本書で取り上げた事例の中で、地域での活動歴が長い組織ほど意思決定システムにかかわる住民参加の仕組みが発達し、民主的な運営が重視されていることでも明らかである。このポイントは、組織の成熟度や助成財団が助成を行う際の判断基準としても重要である。逆に地域住民による民主的な決定システムを欠いた組織は、事業力があっても「公」としての位置づけからははずれるものであると判断することができる。類似のシステムを持ちながら、住民自身が自らを代表する組織であると認識されないものはこの点に問題がある。

第2の住民参加を進めるために、それぞれの組織は様々な工夫を凝らして

いる。タスクフォースへの参加などを考察した結果、住民は自分の専門性や技術、知識を生かしてできることには積極的に参加している。そして、実に生き生きと楽しそうに参加するのである。さらに、それが仕事になれば、継続的に参加してくことが可能である。したがって、事業の中に雇用を生み出すことの意味がここに見出される。特に失業率の高い地域では、地域に働ける場所のないことが最大の問題である。しかしいずれの場合も、力のある住民が参加する可能性が高いため、公の場に出てくることがない高齢者や弱者の参加が困難であるという課題は国を問わず共通している。住民の参加は、民主主義システムの構築の意味と住民の自律や自助、ひいては、持続的な発展につながるものとしてコミュニティ・アプローチにおいて特に重要性が高い。

(5) CCIsの方法論

これまでに実施されたCCIsとシカゴにおける実践の考察と分析から、コミュニティ・アプローチの方法論に関していくつかの点が明らかになった。

第1に、CCIsでは、コミュニティ・アプローチの方法論の1つとして、対象とする近隣地域の中に拠点を設置する方法がとられている。これは、アメリカの歴史の中で培われてきた有効な方法である。アウトリーチの対象地域内に固定的、永続的な拠点を設けることは、地域をよく知り、一体化できるという点でメリットがある。また、それだけでなく、CCIsのように数千万ドルという巨額の資金が数年間にわたって、コミュニティ・オーガナイザーとともに地域に投入されることによって、近隣地域内において雇用を生み、コミュニティ開発自体が地域の産業となっていくという大きな利点がある。

第2に、インターミディアリーによる支援が、米国の近隣地域の開発システムの中では、重要な位置づけを占めている。インターミディアリーは、事業地の選択段階から、助成財団と地域の組織との間に立ってコミュニティ開発を推進してきた。当初、コミュニティ開発に固有のシステムとして住宅開発や商業開発を中心に活動してきたが、近年はCCIsのように包括的な事業にも参入してきている。

終章　アメリカ大都市におけるコミュニティを基盤としたアプローチの形成と課題　181

　事業推進段階においては、技術的な支援、情報提供、外部の専門組織や人材、新たな助成事業の紹介、リード・エージェンシー間の情報提供、人材育成などあらゆる場面でリード・エージェンシーをサポートし、支援を行っている。このようなシステムは、アメリカにおいても非常にユニークかつ独特なシステムである（Anglin 2004, Glickman ら 1998）。

　第3に、コミュニティ・アプローチと学校や教育との連携は、2つの意味で重要である。1つは、将来のために学力や学歴を付けることであり、もう1つは、社会性を育てることである。特に理想的な家庭を持たない子どもたちにとっては、学校は唯一の社会とのつながりであり、基礎学力形成とともに社会教育の場としても重要な意味を持つ。また公立学校は、近隣地域の中に立地し、様々な機能を備えており、情報源そして集まりの場となっている。サービス提供の場としても利便性がよく、この意味で学校と開発との連携は有効性が高い。

　第4に、シカゴの NCP の事例をみると、リード・エージェンシーが雇用するコミュニティ・オーガナイザーが事業の中心となってプログラムを運営している。このプログラムでは、学校を拠点として、健康、教育、アフタースクール・プログラムなどを実施しているが様々な非営利主体、近隣地域住民、親、専門家など外部主体との連携がプログラムの運営を豊かにしている。コミュニティ・オーガナイザーは、ガンブルらのいう「橋を架ける人」（Gamble ら 2010）として様々な人や組織を連携させる役割を担っている。学校を中心とした開発における重要なポイントは、コミュニティ・オーガナイザーが単独で学校に配置されているのではなく、地域全体の開発を担うリード・エージェンシーの一員として派遣されているという点である。これによって、コミュニティ・オーガナイザーは、様々なサポートや社会資源に接近しやすい。そして、ペアレント・メンター事業にみられるように、学校を拠点とした事業を社会制度にまで引き上げるアプローチを行っている。

(6) コミュニティ・アプローチの限界と可能性

　すでにみてきたように、コミュニティ・アプローチには、いくつかの限界がある。

第1に、大恐慌は、アメリカの社会保障システム構築のきっかけとなったが、民間活動やコミュニティ・アプローチの限界をも知らしめた。当時のセツルメント運動の例からも顕著なように、コミュニティ・アプローチは、近隣地域レベルの固有の問題に対応するための手法であり、大量の失業や貧困者の増大など国家的規模での大不況など社会全体の問題解決には不向きな手法である。現代社会の状況に鑑み、コミュニティ・アプローチと普遍的な社会保障システムを両輪とする制度構築が必要である。

　第2に、コミュニティ・アプローチのみでは、所得再分配のシステムは成立が難しい。アメリカの社会福祉体制は、ティトマスの分類でいうところの残余的な福祉モデルに分類される。それゆえに、民間活動によって様々な分野のサービスがカバーされているのが現状である。一方、アメリカの助成財団は税制上、法人税の免税団体となっており、非課税である（岩田2004）。その上、CCIsで近隣地域において活動する組織もまた法人税の免税団体である場合が多い。住宅供給や商業施設整備などに活用される資金も、タックスクレジット制度に代表されるような免税的性格を持ったものが活用されている。このような点から、ローヘがいうように、コミュニティ・アプローチは、新たな所得の再分配的な性格があるようにも見受けられる。しかし、コミュニティには、必ず「外部」というものが存在する（広井2010）。したがって、コミュニティ・アプローチには、当然範囲外の外部が存在する。アメリカの貧困地域は無数に存在する中で、CCIsのような仕組みにあっては、受け皿となる非営利組織が形成されないような地域には支援が届かないということになる。CCIsは、助成財団が、モデル事業としての役割づけをすることで、この矛盾に対する批判を回避している。しかし、それぞれのコミュニティが自律して、自由度の高い事業やサービスを展開していくことこそが、CCIsのようなコミュニティを基盤とした事業展開の特徴であり、他の地域との関係や均一性などは問題にならず、むしろ、それぞれの特性に応じて展開できることが求められる。したがって、コミュニティ・アプローチは、公平性を価値基準とするものではないと理解する必要がある。

　日本の場合には、基本的な社会制度や社会福祉サービスが充実している反面、アメリカのような力を持った非営利組織の数々や、数億円を投入するよ

終章　アメリカ大都市におけるコミュニティを基盤としたアプローチの形成と課題

うな助成財団はほとんど存在しない。このため、コミュニティ・アプローチの資金を獲得するための手段として、行政からの助成を受けることになるとすると、公平性、透明性、アカウンタビリティを最も必要とする資金であり、その使い道に制限が生まれる。これは、日本における非営利組織の自立が不安定で、新しい公共を語る場合にも既存の行政システムの枠組みの中でしか認識されていないためである。

　日本の現状をみると、郊外住宅団地にみられるように高齢化率が40％を超えるような高齢化地域が島状に形成されている地域、人口が大幅に減少している中心市街地、ホームレス経験者が多く暮らす地域、災害による被災地域などコミュニティ・アプローチによる事業が適切であると考えられる地域が存在する。CCIsのようなコミュニティ・アプローチの仕組みは、このような地域において、拠点を整備し、近隣再生事業自体を地域の産業として事業を実施し雇用やサービスを創出するような展開が可能である。現在の日本には、アメリカで培われたような民間資金の流れは成立していないが、日本型の仕組みを考え出せる可能性はある。

引用・参考文献

Anglin, R. V. and Montezemolo S. C., 2004, Supporting the Community Development Movement: The Achievements and Challenges of Intermediary Organizations, "Building the Organizations That Build Communities Strengthening the Capacity of Faith- and Community-Based Development Organizations," Anglin, R. V, Editor pp.55-73.

Arnstein Sherry R., 1969, "A Ladder of Citizen Participation" Journal of the American Planning Association, Vol.35, No.4.

Berger, R. and Kasper, G. 1993, An Overview of the Literature on Community Development Organizations, Nonprofit Management and Leadership, pp.241-255.

Berry, Brian J.L., 1985, Island of Renewal in Seas of Decay, The New Urban Reality, Edited by Paul E. Peterson, ed., pp.69-96.

Bickerdike Redevelopment Corporation, 2009 Annual Report Bickerdike Redevelopment Corporation, Bickerdike Redevelopment Corporation.

Bratt, R. G., and Rohe, W. 2004, Organizational Changes among CDCs: Assessing the impacts and Navigating the Challenges, Journal of Urban Affairs, 26(2):197-220.

Brown, P., and Garg, S. 1997, Foundations and Comprehensive Community Initiatives: The Challenges of Partnership. Chapin Hall Center for Children at the University Of Chicago.

Capraro, J., 2004, Community Organization + Community Development=Community Transformation JOURNAL OF URBAN AFFAIRS, Volume 26, Number 2, pp.151-161.

Carlson, D. B., and Arabella Martinez, 1988, The Economics of Community Change. Unpublished manuscript, Washington, DC: Center for Policy Development.

Chaskin, R. and Garg, S., 1997, "The issue of Governance in Neighborhood-based Initiatives" URBAN AFFAIRS REVIEW, Vol32, No.5, Sage Publications, Inc.

Chaskin, R. J., Chipenda-Dansokho, Toler A. K, 2000, Moving Beyond the Neighborhood and Family Initiative: The Final Phase and Lessons Learned, Chapin Hall Center for Children at the University of Chicago.

Chaskin, R.J., 2001a, Building Community Capacity. Urban Affairs Review, 36(3):291-323

Chaskin, R.J, 2001b, Organizational Infrastructure and Community Capacity: the Role of Broker Organization. Research in Social Problems and Public Policy, 8:143-168.

Chung C., 2002, Using Public School as Community Development Tools: Strategies for Community-Based Developers, Joint Center for Housing Studies of Harvard University, Neighborhood Reinvestment Corporation.

Corbett, K. T., 1986, "Grace Hill Settlement House" American Community Organizations, Historical Dictionary, Edited by Melvin P. M., Greenwood Press, INC, pp.71-72.

Cowan, S M., Rohe, W. and Baku, E., 1999, Factors Influencing the Performance of Community Development Corporation, Journal of Urban Affairs, 21(3):325-340.

Dillick, Sidney, 1953, Community Organization for Neighborhood Development-Past and Present, William Morrow &Co., Inc. 1953.

Dinwiddie C. & Bennet L., 1921, Community Responsibility; A Review of the Cincinnati Social Unit Plan, New York School of Social Work.

Durlak, J. A. and R. P. Weissberg, 2007, The Impact of After-School Programs That Promote Personal and Social Skills. Chicago: Collaborative for Academic, Social, and Emotional Learning (CASEL)

遠州尋美、2007、「合衆国のコミュニティ開発における税制誘導の効果：低所得者住宅投資税額控除の活用とインターミディアリーの役割」大阪経大論集53（2）

Enterprise, 2009, Annual Report, Good Life is Affordable, Enterprise.

Ellwood, D. T., 1988, "Poor Support" Basic Books, Inc.

Fairbanks, R. B., 1986, Housingact of 1949, American Community Organizations, HistoricalDictionary, Edited by Melvin P. M., Greenwood Press, INC, pp.77-81.

Ferguson, R F., and Stoutland S. E.,1996, Community Development, Change and Sustainability in Community Support Systems. MA: Malcolm Wiener Center for Social Policy, John F. Kennedy School of Government, Harvard.

Frisch, Michael and Servon, J. Lisa., 2006,CDCs and the Changing Context for Urban Community Development: A Review of the Field and the Environment, COMMUNITY DEVELOPMENT: Journal of the Community Development Sciety, Vol 37, No4, winter 2006.

藤田文子、1993、「アメリカ史像とコミュニティ」、『アメリカ社会とコミュニティ』，本間長世編、日本国際問題研究所、pp.226-259.

Gamble, N. Dorothy and Weil, M., 2010, Community Practice Skills, COLOMBIA UNIVERCITY PRESS.

Gibson W., 1986, "Community Center Movement" American Community Organizations A Historical Dictionary, Edited by Melvin, P. M, pp.37-40.

Gittell, Ross and Vidal, Avis, 1998, Community Organizing: Building social capital as a development startegy, Sage Publication, Inc.

Glickman, N. J., Servon L. J., 1989, "More than Bricks and Sticks: Five Components of Community Development Corporation Capacity" Housing Policy Debate, Volume9, Issue3, Fannie Mae Foundation. pp.497-539.

Hallman H. H., 1973, "The Neighborhood as an Organizational Unit: A Historical Perspective", Neighborhood Conrol in the 1970s, pp.7-16.

平山洋介、1993、『Community-based Housing コミュニティ・ベースト・ハウジング 現代アメリカの近隣再生』ドメス出版

広井良典、2009、『コミュニティを問い直す』、ちくま新書

広井良典、2010、「コミュニティとは何か」、広井良典、小林正弥、『コミュニティ 公共性・コモンズ・コミュニタリズム』、勁草書房、pp.11-32.

Hoffman, N.V., 2010, Radical: a portrait of Saul Alinsky, Nation Books.

岩田陽子、2004、「アメリカのNPO税制」、レファレンス、2004、9

Jegen, D. L., 1998, Community Development Venture Capital, Nonprofit Management and Leadership, 9(2): pp.187-200.

Jencks, C. and Mayer, S. E., 1989, The Social Consequences of Growing up in a Poor Neighborhood: A Review, Center of Urban Affairs and Policy Research, Northwestern University.

Kane Thomas J., 2004, The impact of after-school programs: Interpreting the results of four recent evaluations (Working paper). New York: William T. Grant Foundation.

Kaplan David W., MD, MPH; Claire D. Brindis, DrPH; Stephanie L. Phibbs, MPH; Paul Melinkovich, MD; Kelly Naylor, PhD; Karin Ahlstrand, MA , 1999. "A Comparison Study of an Elementary School-Based Health Center: Effects on Health Care Access and Use." Archives of Pediatric Adolescent Medicine, 153: 235-243.

Kaplan M. and Stroh R. C., 1998, Community Development Intermediary systems in the United States: Origins, Evolution, and Function. Housing Policy Debate(9), pp.575-594.

Kubisch, Anne C., 1996, Comprehensive Community Initiatives:Lessons in Neighborhood Transformation, Shelter Force, National Housing Institute.

Lewis O., 1959, "Five Families: Mexican Case Studies In The Culture Of Poverty" Basic Books Inc (＝高山智博、宮本勝、染谷臣道『貧困の文化 メキシコの五つの家族』、ちくま学芸文庫）

LISC Chicago, 2008, LISC Chicago Report to Donors, LISC Chicago.

Living Cities, 2005, Living Cities: The National Community Development Initiative. Improving the Vitality of Urban Neighborhoods in 23 American Cities.

Local Initiatives Support Corporation, 2010, LISC Annual Report 2010, LISC.

Lynn L. E.Jr., and McGeary M. G.H., edit, 1990, Inner-City Poverty in the United States, National Academy Press.

Marcella T. McCord, Jonathan D. Klein, Jane M. Foy, Kate Fothergill, 1993 "School-Based Clinic Use and School Performance." Journal of Adolescent Health, 14: 91-98.

MacIver M. R., 1970, Community: A Sociological Study, Being an Attempt to Set Out Native & Fundamental Laws, Routledge; 4 edition (=2009、中久郎、松本通晴『コミュニティ──社会学的研究：社会生活の性質と基本法則に関する一試論』ミネルヴァ書房）

McDermott, M., 2004, National Intermediaries and Local Community Development Corporaions: A View From Cleveland, Journal of Urban Affairs, 26(2):171-176.

Metzger, J.T., 1998, Remaking the Growth of Coalition: The Pittsburgh Partnership for Neighborhood Redevelopment. Ecnomic Development Quarterly, 12(1):12-29.

Midgely, J. & Conley A. edit, 2010, Social Work and Social Development, Oxford University Press.

Miller, A and Burns, T, 2006, "Going Comprehensive: Anatomy of an Initiative that Worked CCRP in the South Bronx," OMG Center for Collaborative Learning.

Morgan, J.F., 2008, "Building Community Capacity Through Multisector Collaborations, Reengineering Community Development for the 21 century Transformational Trends in Governance and Democracy," Edited by Donna Fabiani and Terry F. Buss, National Academy of Public Administration.

室田信一、2010、「アメリカにおけるコミュニティ・オーガナイザーとはだれか──ソーシャルワークの専門性との関係から──」、『日本の地域福祉』第23巻

National Cogress for Community Economic Development, NCCED, 2006, Reaching New Height: Trend and Achievements of community-based Development Organizations, NCCED.

Navin L., 1986, The Lane Report, American Community Organizations, A Historical Dictionary, Greewood Press.

Ney, N., and Glickman, N. J., 2000, Working together: Building Capacity for Community Development, Housing Policy Debate, 11(1):163-198.

西尾勝、1975、『権力と参加』、東京大学出版会

仁科伸子、2010a、「米国の近隣地域における包括的開発に関する研究――CCIs による開発の現状からみた基本的特徴と仕組み――」、『社会福祉学』50 巻 4 号、pp.133-147.

仁科伸子、2010b、「米国における近隣地域への新しいアプローチ―― CCIs の背景と特徴――」『法政大学大学院紀要』64、pp.213-230.

能登路雅子、1993、「地域共同体から意識の共同体へ――アメリカ的コミュニティのフロンティア――」、『アメリカ社会とコミュニティ』、本間長世編、日本国際問題研究所、pp.174-206.

O'Connor, A., 1999, Swimming against the Tide: A Brief History of Federal Policy in Poor Communities. Urban Problems and Community Development, 77-137.

岡田徹太郎、2006、「アメリカ住宅政策と低所得層への住宅保障」、『アメリカの貧困と福祉』、渋谷博史、C. ウェザーズ編、日本経済評論社、pp.193-227.

Perry, A., C, 1929, The Neighborhood Unit In Regional Survey of New York And Its Environs, Vol.7: Neighborhood and Community Planning, Monograph One（=1975、倉田和四生訳『近隣住区論』）鹿島出版会）

Perry, Stuart, 1973, Federal Support for CDCs: Some History and Issues of Community Control, Review of Black Political Economy 3, pp.17-42.

Peterman, W., 2000, Neighborhood Planning and Community-Based Development, Sage Publications, Inc.

Pierce, N.R., and Steinbach, 1987, Corrective Capitalism: The Rise of America's Community Development Corporations, Ford Foundations.

Pine L. R., 1986, Demonstration Cities and Metropolitan Development Act 1966, American Community Organizations, Historical Dictionary, Edited by Melvin P. M., Greenwood Press, INC, pp.45-47.

Pine R. L. 1986, Housing and Urban Development Act 1968, American Community Organizations, A Historical Dictionary., edited by Melvin M. P, Greenwood Press Pitocoff W., 1997, Comprehensive Community Initiatives: Redefining Community Development, Shelter Force, National Housing Institute.

Pitocoff W., 1997, Comprehensive Community Initiatives: Redefining Community Development, Shelter Force, National Housing Institute.

Reingold, D.A. and Jonson, C. L., 2003, The Rise of Eastside Community Investment, Inc, Journal of Urban Affairs, 25(5):527-549.

Rhyne, C.S., 2011, The Workable Program. A Challenge for Community Improvement, Law and Contemporary Problems, Vol. 25, No. 4, Duke University School of Law, pp.685-704.

Riis, J. A., 1890, "How the Other Half Lives" Advisory Editors: Davis, N., Z and May, E.R, Bedford Books of St. Martin's Press.

Rohe, W. M. and Lauren B. G., 1985, Planning with Neighborhoods, The University of North Carolina Press.

Rohe, W. M., and Bratt, R. G. , 2003, Failers, Downsizing and Mergers among Community Development Corporations, Housing Policy Debate, 14(1-2):1-46.

Rubin, H.J., 2000, Renewing Hope within Community of Despair: The Community Based Development Model, State University of New York Press.

佐藤郁哉、2008、『質的データ分析』新曜社

Servon, J. Lisa, 1998, Credit and Sosial Capital: The community Development Potential of U.S. Microenterprise Peogram, Housing Policy Devete, Volume 9, Issue 1.

Stanger, M. and Duran, M, 1997, Comprehensive Community Initiatives: Principles, Practice, and Lessons Learned, The Futuer of Children CHILDREN AND POVERTY Vol.7 NO.2 September/Fall 1997.

Stoeker, R., 1997, The CDC Model of Urban Redevelopment: A Critique and Alternative. Journal of Urban Affairs, 19(1):1-22.

Stoeker, R., & Vakil, A., 2000, State, Culture, and Community Organizing: Two Tales of Two Neighbourhoods, Journal of Urban Affairs, 22(4): pp.439-458.

Stone, R. and Butler, B., 2000, Core Issues in Comprehensive Community-Building Initiatives, Explorring Power and Race, Chapin Hall Center for Children at the University Of Chicago.

Stoutland, S. E., 1999, Community Development Corporations: Mission, Strategy, and Accomplishments, Urban Problems and Community Development, 193-240.

Spilka,G., Burns, T., 1998, Final assessment report: the Comprehensive Community Revitalization Program, CCRP.

Takase, H., 1991、『小地域福祉活動　高齢化社会を地域から支える』、沢田清方編、ミネルヴァ書房

竹中興慈、1995、『シカゴ黒人ゲットー成立の社会史』明石書店

The Aspen Institute, 2002, VOICES FROM THE FIELD Ⅱ, Reflections on comprehensive Community Change, The Aspen Institute, Roundtale on Comprehensive Community Initiatives for Children and Families.

The Ford Foundation, 1987, Leadership in Affecting Poverty: A Report for the Mid-decade Review of the Ford Foundation's Programs on Persistent Poverty, the Ford Foundation Archive.

Tokyo、東京都、2010、東京都人口推計 http://www.toukei.metro.tokyo.jp/jsuikei/js-index.htm

Trattner, W. I., 1974, From Poor Law to Welfare State, The Free Press.

U.S Census, 2000, Poverty in the United States, U.S Census.

Unicef, 2008, THE STATE OF THE WORLD'S CHILDREN 2008, Unicef.

宗野隆俊、2006、公共領域と非政府主体——住宅政策、都市計画とコミュニティ開発法人（3）彦根論叢　第363号25-36.

Vidal, A. C., 1992, Rebuilding Communities: A National Study of Community Development Corporations, Community Development Research Center, Graduate School of Management and Urban Policy, New School for Social Research.

Vidal, A. C., 1995, Reintegrating Disadvantaged Communities Into the Fabric of Urban Life: The Role of Community Development. Housing Policy Devate6(1):169-230.

Vidal. A. C., 1996, CDCs as Agents of Neighborhood Change: The State of the Art. In Revitalizing Urban Neighborhoods: pp.145-163, edited by Dennis Keating, Norman Kurmholz, and Phil Star, Lawrence, KS: University Press of Kansas.

Vidal, A. 1997, Can Community Development Re-invest Itself? The Challengers of Strengthening Neighborhoods in the 21st Century, Jurnal of American Planning Association, 63(4):429-438.

Vidal. A. C., and Keating, W.D., 2004, Community Development: Current Issues and Emerging Challenges, Journal of Urban Affairs, 26(2):125-137.

Vidal, A and Keyes L, 2005, Beyond Housing: Growing Community Systems, The Urban Institute.

Walker, C., 1993, Nonprofit Housing Development: Status, Trends, and Prospects, Housing Policy Debate 4(3): pp.369-414.

Walker, C., 2002, Community Development Corporations and Their Changing Support Systems, The Urban Institute.

Walker, C., Gustafson, J., and Snow, C., 2000, National Support for Local system change. The effect of the national community development initiative on community development system, Urban Institute.

渡辺俊一、1977、『アメリカ都市計画とコミュニティ理念』技報堂出版

Warren R. M., 1995, Dry Bones Rattling: Community Building to Revitalize American Democracy, Princeton: Princeton University Press.

Williams Lee, 1986, Mission Coalition Organization, American Community Organizations, Historical Dictionary, Edited by Melvin P. M., Greenwood Press, INCP.119-120.

Wilson, W.J., 1987, The Truly Disadvantaged The Inner City, the Underclass, and Public Policy, The University of Chicago Press, Chicago London,（＝青木秀男監訳・平川茂・牛草英晴訳、『アメリカのアンダークラス――本当に不利な立場に置かれた人々』、明石書店

Wright, D.J., Ellen I. G., and Schill, M. H., 2001, Community Development Corporrations and Welfare Reform: Linkages, Roles and Inpact, NY: Nelson A Rockefeller Institute of Government, Urban and Metropolitan Studies, State University of New York.

山口稔、2010、『コミュニティ・オーガニゼーション統合化説――マレー・G・ロスとの対話――』関東学院大学出版会

索　引

あ行

アーバン・グレシャム　111
アカウンタビリティ　91
アスペン・インスティチュート　4, 85
新しい公共　183
アドボケイト・プランニング　33
アニー・E・ケイシー財団　85
アファーマティブ・アクション　59
アフォーダブル・ハウジング　54
アフタースクール・プログラム　129
新たな公共主体　108
アン・クビッチ　85, 90
意思決定　156, 162, 166
移民　61, 97
インターミディアリー　39, 40, 41, 42, 43, 44, 47
インナーシティ　22, 42
W. ローへ　4, 35
ウィルソン　60, 72, 167
A. ビダル　7,
ADFC　59, 74
エドワード・ウォード　20
NHS　53
エルウッド　72, 74, 76
エレベイト事業　114, 122
エンタープライズ・コミュニティゾーン　71, 75, 76
エンタープライズ・ファンデーション　42, 43, 44, 45, 46, 75, 76
エンパワメント・ゾーン　71, 75
オスカー・ルイス　59

か行

格差　68
学校　117
間接供給　36
キャパシティ・ビルディング　5, 104, 110, 139, 152
近隣住区論　20, 21, 118
近隣政府論　39
近隣地域再生　119
クラランス・A・ペリー　20
クリフォード・ショウ　24
グレイ・エリア・プロジェクト　28
グレーター・サウスウェスト・ディベロップメント・コーポレーション　49
ゲットー　60
郊外　22
公民権運動　59
コミュニティ　5, 71
コミュニティ・アクション・プログラム　24, 28
コミュニティ・アプローチ　3, 6, 76
コミュニティ・オーガナイザー　15
コミュニティ・オーガニゼーション　26, 139, 148
コミュニティ開発包括補助金　29, 37
コミュニティ・キャパシティ・ビルディング　5, 137
コミュニティ・ディベロップメント　4
コミュニティ・ビルディング　84
コミュニティ開発　35, 39, 41, 46, 93
コミュニティ開発法人　39, 44, 45, 46, 76, 89
コミュニティ・センター運動　19, 20, 21, 22, 34

さ行

サードナ財団　85, 88
再開発　37
再分配　4
CCRP（Comprehensive Community Revitalization Program）　88
CCIs　1, 3, 5, 52, 78, 83-94 95, 155, 157

ジェームス・ルース　42
ジェーン・アダムス　96
ジェントリフィケーション　54, 55, 64
シカゴ・エリア・プロジェクト　23, 24
ジム・カパロ　49
社会福祉改革　74
社会保障法　35
住宅コミュニティ開発法　37
住宅都市開発省　44, 60
住宅都市開発法　37
住宅法　35, 36, 37, 38
住民参加　22, 29, 33, 34
小地域活動　118
初期のCCIs　88
助成財団　3, 85, 91
ジョンソン政権　29
自律　73, 178
シンシナティ・ソーシャルユニット　22
人種　55, 61
ステイクホルダー　177
ストレングスモデル　139
スラムクリアランス　37
セグリゲーション　62
セツルメント　96
ソウル・アリンスキー　25, 32, 39, 96
ソーシャル・キャピタル　85, 120
ソーシャル・セツルメント運動（セツルメント運動）　15, 30
ソーシャル・ユニット　22

た行

大恐慌　25, 26
タックス・クレジット　41, 43, 47, 55
TANF　74
チャスキン　108, 157, 158

中間支援組織　39
中産階級　68
直接供給　36
テネメント　15, 17
都市再生　37
トレットナー　16

な行

ナショナル・コミュニティ・イニシアティブス　41
ニュー・コミュニティ・プロジェクト（NCP）　53, 95, 99
NIMBY（Not in my back yard）　55

は行

バイカーダイク・リディベロップメント・コーポレーション　54
ハルハウス　35
犯罪　63
非営利　116
ピトコフ　4, 85
貧困　65
貧困の文化論　59
フィランソロピー　85
フィランソロピスト　175,
フォード財団　78
福祉から労働へ　77
ブロック委員会　22, 34
ペアレント・メンター事業　134-138
ヘッドスタート　30
包括的コミュニティ開発　3, 4, 83, 87
包括的コミュニティ開発円卓会議　4
ボード　161, 162

ま行

マイケル・J・サンデル　73
マイノリティ・グループ　65

マッカーサー財団　53, 99, 105
ミード　72
A. ミラー　87
ミルトン・コトラー　39
メキシコ壁画運動　132
モイニハン　59, 62
モイニハン・レポート　59,
モデル・シティ・プロジェクト　28, 29, 34, 37
モホウク・ブライトン　22

ら行

リース　17, 18
リード・エージェンシー　85, 91, 96, 161
LISC　39, 40, 41, 42, 76, 96
リビング・シティ　41
レイン報告　26, 27
レバレッジ　91
ロックフェラー財団　41
ロバート・テイラー・ホーム　51

わ行

ワークフェア　72

図表写真索引

第1章
図1-1 コミュニティ・ディベロップメントにおける
　　　 インターミディアリーの役割 ………………………………… 44
表1-1 コミュニティ開発法人の経年変化 ………………………… 45
表1-2 資金源 ………………………………………………………… 46
表1-3 コミュニティ開発法人のスタッフの雇用状況（回答数999団体）… 47
表1-4 エグゼクティブ・ディレクターの年収（回答数999団体）………… 47
表1-5 福利厚生（回答数999団体）………………………………… 47

第2章
図2-1 1970年代と1980年代のシカゴ市近隣地域における貧困率の比較 … 66
図2-2 1970年代と1980年代のシカゴ市近隣地域における失業率の比較 … 67

第4章
表4-1 初期のCCIs例 ……………………………………………… 88

第5章
図5-1 LISCシカゴNCP対象地区 ………………………………… 95
図5-2 シカゴ市の人口（1840〜2010年）………………………… 97
図5-3 CCIの例：NCP（ニュー・コミュニティ・プロジェクト）の仕組み 106
図5-4 コミュニティ開発法人を核としたCCIsによる資金の流れと事業展開 107
表5-1 対象地域の特性 ……………………………………………… 98
表5-2 計画策定の関係者及び組織 ………………………………… 101
表5-3 組織の概要 …………………………………………………… 102
表5-4 戦略的プログラムの内容 …………………………………… 103
表5-5 アーバン・グレシャム地区の
　　　 戦略プラン達成状況（計画期間2006-2012年）……………… 112
写真5-1 GADCのコミュニティ・オーガナイザー左カルロス、右アーネスト 113
写真5-2 アーバン・グレシャム79thストリートのフェスティバル ………… 113

写真5-3	雇用者が4人だったころの狭いオフィス、大学に通いながらパートタイムをしていたころのアローラと右：アーネスト	114
写真5-4	地域美化事業の責任者ニュカーク	114
写真5-5	エコノミック・ディベロップメントの成果としてのカフェ	115
写真5-6	アーバン・グレシャムに建設されたシニア向け住宅	115

第6章

表6-1	エレベイト事業のプログラムの概要	126, 127
写真6-1	オロスコ校のアフタースクール・プログラムで民族ダンスを練習する子どもたち	129
写真6-2	パースペクティブ校の食堂のサラダバー	129
写真6-3	オロスコ校で楽器演奏する子どもたち	129
写真6-4	リーバイス校のアフタースクールで調理されたマカロニ・チーズ。ブロッコリーを添えている	129
写真6-5	オロスコ校で人形作りをする母親たち	132
写真6-6	ピルセンの街角にある壁画	132

第7章

図7-1	コミュニティ・オーガナイザーの位置づけ	142
表7-1	ペアレント・メンター事業におけるコミュニティ・オーガナイザーの役割	151

第8章

図8-1	組織の構造と意思決定	162
図8-2	フンボルトパーク・タスクフォースの構造	164
表8-1	コミュニティ・オーガニゼーションの概要と住民参加の仕組み	168, 169

Abstract

This study discusses the community approach in the United States through the history and the implementation of Comprehensive Community Initiatives in Chicago.

Historically, a few significant movements have influenced community approaches. First, social settlement movement in the late 19th century was started to help people who were living in the tenement areas. In fact, until the Great Depression, community approaches become vital solution of the community problems. When the Great Depression hit the United States, 13-14 million people lost their job and a high amount of bank savings were lost. Under these circumstances, the nationwide social security system was first constructed. After this event, Community Approaches did not actually die out, but did become a bit forgotten until 1960s. It was found that the community approaches are primarily useful to community needs, not the social structural problem.

In the 1970s, community approaches grew significantly in the housing area as Community Development Corporations (CDCs). In fact, these CDCs became one of the most powerful hosing providers in deprived areas in the US until the 1980s.

In late 1980s CDCs extended their activities beyond housing in an effort to improve residents' standards of living in neighborhoods, developing Comprehensive Community Initiatives (CCIs). CCIs are a new kind of community intervention that integrates physical development with social development. The most important aspect of CCIs is the mission of building capacity and growing overall community strength to break the poverty chain so that implemented practices exhibit evidence of the importance of education and increased capability for employment. The concept of the CCI is very similar to the Welfare Reform idea. In fact the adulation of the old community was the idea that both the conservative and the neo-liberalism shared. Additionally, large amounts of capital have been provided to the community by philanthropists.

CCIs have very strong implementation abilities that are created by philanthropists but they also have their weakness. It is often difficult to implement CCIs where they can find capable lead agencies in the community. There is the possibility that the poorest, most deprived communities are resource-less and therefore neglected. Thus, it can be seen as the unfair allocation of capital.

Community approaches have the ability to implement the right intervention in the right place, provide immediate response to the community issues, promote people's participation, and build the community and its capacities.

People's participation has two meanings in the community approaches. One is that mostly for promote democratic way of implementing development. Also toward to the sustinable development, people will learn how to operate the project by participaiting in it.

However it needs to be recognized that CCIs are not all-powerful. There must be a union of both general policy to support people all over and community-based approaches, in order to create long term sustainable change in the community.

著者紹介

仁科 伸子（にしな　のぶこ）

1965年生まれ。専門分野：地域福祉学。法政大学大学院人間社会研究科人間福祉専攻博士後期課程修了。本書の研究のためシカゴ大学へ留学。人間福祉博士。現在法政大学現代福祉学部兼任講師。主な著作は「米国の近隣地域における包括的開発に関する研究— CCIs（Comprehensive Community Initiatives）による開発の現状からみた基本的特徴と仕組み—」、『社会福祉学』vol.50-4（No.92）（2010年、単著）、「アメリカ大都市におけるコミュニティを基盤とした援助と政策の成立過程に関する研究」『法政大学大学院紀要』第69号（2012年、単著）

※本書は2012年度法政大学大学院博士論文出版助成金を得て刊行されました。
※本研究のための留学は、日米教育委員会によるフルブライト・スカラシップによって資金を提供されました。

包括的コミュニティ開発──現代アメリカにおけるコミュニティ・アプローチ──

2013年2月8日　第1版第1刷発行

著　者　仁科　伸子
発行者　橋本　盛作
〒113-0033 東京都文京区本郷5-30-20
発行所　株式会社　御茶の水書房
電　話　03 5684-0751
印刷・製本／東港出版印刷㈱

©Nishina Nobuko 2013
Printed in Japan

ISBN 978-4-275-01001-8　C3036

持続可能性の危機——地震・津波・原発事故災害に向き合って	長谷部俊治 編	菊判・三〇〇頁 価格 四二〇〇円
都市コミュニティと階級・エスニシティ——ボストン・バックベイ地区の形成と変容、一八五〇—一九四〇	舩橋晴俊 編著	A5判・二六〇頁 価格 四二〇〇円
サンフランシスコ発：社会変革NPO	川島浩平 著	A5判・二四八頁 価格 四八〇〇円
市民団体としての自治体	岡部一明 著	A5変・二一九頁 価格 二六〇〇円
直接立法と市民オルタナティブ——アメリカにおける新公共圏創生の試み	岡部一明 著	A5判・三六〇頁 価格 四二〇〇円
アジアの地域住民組織——町内会・街坊会・RT/RW	前山総一郎 著	菊判・四二六頁 価格 八四〇〇円
アジア・メガシティと地域コミュニティの動態——ジャカルタのRT/RW	吉原直樹 著	菊判・三三〇頁 価格 五三〇〇円
グローバルツーリズムの進展と地域コミュニティの変容——バリ島のバンジャールを中心として	吉原直樹 編著	菊判・四一〇頁 価格 六〇〇〇円
防災コミュニティの基層——東北6都市の町内会分析	吉原直樹 編著	菊判・五〇六頁 価格 七八〇〇円
安全・安心コミュニティの存立基盤——東北6都市の町内会分析	吉原直樹 編著	A5判・三五〇頁 価格 四六〇〇円
モダニティにおける都市と市民	堀田泉 著	A5判・四六〇頁 価格 七二〇〇円
		A5判・二四〇頁 価格 四六〇〇円

御茶の水書房
（価格は消費税抜き）